Jutta Grimm

Vollwert-Naschereien

Jutta Grimm

Vollwert-Naschereien

Süße und pikante Köstlichkeiten

Inhalt

Naschen oder nicht naschen ...

Mit dem Naschen ist es so wie bei vielen anderen Dingen auch: Alle tun's, aber keiner gibt's zu. Oder? Okay, man weiß ja, dass Zucker die Zähne kaputt macht, ungesund ist und überhaupt. Dass die Süßigkeiten, die man so überall bekommt, Ansammlungen von E-Nummern sind. Dass man am besten die Finger von dem ganzen Kram lassen sollte. Alles bestens bekannt! Jedoch, der Geist ist willig, aber das Fleisch ist schwach ...

Das alles hat mir vor allem als Mutter von vier Kindern viel Kopfzerbrechen bereitet. Deshalb habe ich mir Gedanken gemacht, wie ein vernünftiger Umgang mit Süßigkeiten aussehen könnte.

Wenn denn schon unbedingt genascht werden muss, dann ist es immer noch besser, *möglichst naturbelassene Zutaten* zu essen als raffinierten Zucker, mehr oder weniger künstliche Farbstoffe, Konservierungsmittel und Ähnliches. Gucken Sie sich doch mal das »Kleingedruckte« auf einer Tüte mit Marshmallows an. Ein Riegel aus Trockenobst und Nüssen erscheint mir da allemal besser zu sein. Der »schwimmt zwar nicht in Milch«, aber den lieben Kleinen schmeckt es trotzdem. Als kleine Zwischenmahlzeit oder für unterwegs ein ganz vernünftiger Kompromiss, oder?

Natürlich ist auch die Menge entscheidend, denn die *Dosis macht das Gift*. Auch naturköstliche Schleckereien sollte man nicht in großen Mengen in sich hineinstopfen. Aber das ist ja eh klar. Und bitte: Süßigkeiten nicht als Belohnung oder Bestrafung einsetzen! Es macht sie für Kinder nur um so begehrenswerter und fördert ein gestörtes Essverhalten.

Auch wenn statt weißem Zucker Honig oder Trockenobst verwendet wird, ist Naschen schlecht für die Zähne. Gerade die natürlichen Süßmacher setzen sich besonders gut zwischen den Zähnen fest und verursachen dort Karies. Also sollte man es sich angewöhnen, nach dem Verzehr von Süßigkeiten *immer die Zähne zu putzen*. Mit einer kleinen Reisezahnbürste ist das übrigens auch unterwegs möglich. Es gibt auch medizinischen Kaugummi, der zahnreinigend wirkt, aber kein Ersatz für das Zähneputzen sein kann.

Also noch einmal in Kürze:

- Vernünftige Zutaten.
- Nicht zu viel und nicht zu oft.
- Nach dem Naschen das Zähneputzen nicht vergessen.

Aus diesen Überlegungen heraus ist dieses Buch entstanden. Ich habe es für all diejenigen geschrieben, die auch auf dem schmalen Grat zwischen Vernunft und Verführung balancieren und mal in die eine oder andere Richtung abrutschen. Es ist kein Buch mit erhobenem Zeigefinger, vielmehr soll es Spaß machen. Einmal das Ausprobieren der vielen Rezepte, das Genießen der selbst gemachten Köstlichkeiten und last but not least die witzigen und bissigen Cartoons und Illustrationen von Renate Alf. Niemand könnte den Lebensnerv der »Szene« besser treffen als sie. Man gönnt sich ja sonst nichts!

Jutta Grimm

Muss denn Naschen Sünde sein?

Die süße Lust ist keine Sünde, die das ewige Seelenheil kostet. Natürlich lebt man ohne gesünder, aber das kennt man ja: Bei allem, was Spaß macht, ist meist ein Pferdefuß dabei. Also muss ein vernünftiger Umgang mit den süßen Köstlichkeiten gefunden werden. Und da hält man es am Einfachsten mit dem großen Goethe und einer seiner Lebensweisheiten: »Alles »*zu*« ist von Übel!«

- *Zu* viel naschen ist klar.
- *Zu* wenig naschen in dem Sinn, wenn aus jeder kleinen Nascherei gleich ein Drama gemacht wird. Das gilt vor allem für sehr ernährungsbewusste Eltern. Ich kenne eine Familie, in der die Kinder nur an einem Tag der Woche

eine einzige Süßigkeit bekamen, und die auch nur, wenn sie »brav« waren. Seit diese Kinder älter sind und über ein eigenes Taschengeld verfügen, stopfen sie so ziemlich jedes Zuckerzeug, das sie kriegen können, wahllos in sich hinein.

- *Zu* oft naschen. Nur wenn der Genuss von Süßigkeiten etwas Besonderes bleibt, ist er tatsächlich noch ein Genuss. Wer tagtäglich Süßes satt bekommt, wird sicher ein viel geringeres Geschmackserlebnis haben, eine Art Inflation findet statt.
- *Zu* wichtig werden lassen. Naschereien niemals als Belohnung oder Druckmittel einsetzen. Zwar erzeugt man damit noch keine Essstörungen, aber die Richtung ist vorgegeben. Umgekehrt sollte man sich auch nicht von den Kindern (oder dem leckermäuligen Partner) durch ständiges Quengeln dazu bringen lassen, ständig neue Süßigkeiten zu beschaffen.

Am besten wäre es, wenn man für sich selbst ein richtiges Maß finden würde. Nach dem Motto: Ab und zu wenig naschen, dafür aber mit Genuss.

Wenn ich nur wüsst,
was drinnen ist ...

Laut Gesetzgeber müssen die Inhaltsstoffe eines Nahrungs-
mittels auf der Verpackung deklariert werden. Das liest sich
dann beispielsweise folgendermaßen:

*Zucker, Kakaomasse, Weizenmehl, Butterreinfett, Magermilch-
pulver, Kakaobutter, Molkenerzeugnis, Milchzucker, Weizenstär-
ke, Emulgatoren (Sojalecithine, Polyglycerin-Polyricinoleat),
Farbstoffe (E 101, E 120, E 141, E 153, E 160a, E 171), Salz,
Aroma, Überzugsmittel (Carnaubawachs, Bienenwachs), Rote-
Bete-Saftkonzentrat.*

Raten Sie mal, was sich dahinter verbirgt! Der Fachterminus
dafür ist »Schokolinsen mit Zuckerüberzug«. Nicht übel, was
da so alles zusammengerührt wurde.

Übrigens sagt die Aufzählung auch etwas über die Antei-
le der Zutaten aus. Die Inhaltsstoffe, die zuerst genannt werden, sind mengenmäßig am stärksten vertreten, das heißt
in diesem Fall: Zucker ist am meisten, Rote-Bete-Saftkon-
zentrat am wenigsten darin enthalten. Die Angabe »Zucker«
meint übrigens nur den weißen Haushaltszucker. Wenn die
Angabe »Zucker« recht weit hinten in der Zutatenliste steht,
muss das nicht bedeuten, dass das Produkt anteilsmäßig auch
wirklich weniger Zucker als andere Zutaten enthält. Auch hin-
ter Angaben wie »Fruchtzucker«, »Traubenzucker« oder »Glu-
cosesirup« verbergen sich Zuckerarten, sodass das Produkt
anteilsmäßig mehr Zucker enthalten kann, als es der Listen-
platz der Angabe »Zucker« suggeriert.

Wissen Sie eigentlich, was genau Farbstoffe (E 101, E 120,
E 141, E 153, E 160a, E 171), Molkenerzeugnis, Emulgatoren (Sojalecithine, Polyglycerin-Polyricinoleat), Überzugs-

mittel (Carnaubawachs, Bienenwachs) und Aroma sind? Die Rezeptur liest sich beinahe wie ein Medikamenten-Beipackzettel. Zu Risiken und Nebenwirkungen fragen Sie Ihren Arzt oder Lebensmittelhersteller!

Greifen Sie deshalb lieber auf »gesunde Naschereien« aus dem Naturkostladen zurück oder machen Sie sie einfach selbst. Dann wissen Sie genau, was drin ist. Außerdem bleiben Sie so von künstlichen Konservierungs- und Farbstoffen völlig verschont. Und wenn Sie auch noch Zutaten aus kontrolliert biologischem Anbau verwenden, dann können Sie wirklich – wie die Werbung so schön sagt – unbeschwert genießen. Aber bitte daran denken: »Alles *zu* ist von Übel!«

Kleine Warenkunde

Zucker ...

Was ist Zucker? Zucker ist süß. So viel steht fest. Zucker ist ein notwendiges Grundnahrungsmittel, mit dem ein ausgeglichener Energiehaushalt gewährleistet werden kann. Das meint die Zuckerindustrie. Zucker ist ungesund, zumindest der raffinierte, weiße Haushaltszucker. Das weiß die Naturkostszene. Aber im Dschungel der Fachbegriffe kennt sich dann fast niemand mehr aus. Dann wird der *Rohrzucker* als weniger schädlich angesehen, weil man glaubt, dass er ohne viel »Veredelung« aus dem Rohstoff Zuckerrohr gewonnen wird. Um diesem Irrtum und anderen Irrtümern vorzubeugen, im Folgenden ein kleiner Überblick über die sogenannten »*Fabrikzuckerarten*«.

Unter Zucker versteht man in der Regel Einfach- und Zweifachzucker (gehören zu den Kohlenhydraten), die sich leicht in Wasser lösen und süß schmecken. Zu den Einfachzuckern (Monosacchariden) gehören beispielsweise Traubenzucker (Glucose) und Fruchtzucker (Fructose), zu den Zweifachzuckern (Disacchariden) gehören Haushaltszucker (Saccharose), Milchzucker (Lactose) und Malzzucker (Maltose). Zucker kommen in vielen Pflanzen vor und werden industriell in aufwendigen Verfahren daraus isoliert (raffiniert) oder durch Umwandlung aus anderen Kohlenhydraten wie Stärke gewonnen.

- **Saccharose:** Aus Saccharose, einem Disaccharid, das sich aus je einem Molekül Glucose und Fructose zusammensetzt, besteht der gewöhnliche weiße Haushaltszucker. Saccharose wird aus Zuckerrüben und Zuckerrohr gewonnen. Die Pflanzen werden gewaschen, klein geschnetzelt

und mit Wasser erhitzt. Der entstehende Saft wird unter Zugabe von Kalk und Kohlendioxid gereinigt und abgefiltert. In Vakuumkesseln lässt man das Wasser verdampfen, bis sich ein dickflüssiger Sirup bildet. Durch Zugabe von kleinen Zuckerkristallen wird die Kristallisation gefördert, der auskristallisierte Rohzucker wird anschließend in Zentrifugen isoliert. Mit Wasserdampf werden die Zuckerkristalle von den anhaftenden Melasseresten gereinigt. Erneutes Auflösen, Auskristallisieren und Reinigen ergeben dann einen immer mehr gereinigten weißen Zucker.

In Deutschland liegt der Zuckerverbrauch bei durchschnittlich sechsunddreißig Kilo pro Kopf. Davon entfallen im Schnitt sechs Kilo auf den direkten Verbrauch, dreißig Kilo auf die versteckten Zucker in Süßigkeiten, Kuchen, Getränken und anderen Produkten. Übrigens enthalten auch viele pikante Lebensmittel Zucker.

- **Raffinade:** Raffinade ist eine Qualitätsbezeichnung der Zuckerindustrie. Es handelt sich um besonders reinen, weißen Verbrauchszucker, der bestimmten Reinheitsanforderungen entspricht. In verschiedenen Körnungen erhältlich.

- **Puderzucker (Staubzucker):** Für Puderzucker wird Haushaltszucker staubfein gemahlen und gesiebt.
- **Brauner Zucker (Rohrzucker):** Brauner Zucker ist ein Zwischenprodukt bei der Herstellung von Haushaltszucker. Die braune Farbe kommt von der Melasse, die noch nicht ganz ausgewaschen ist. Allerdings stellt dies nicht unbedingt eine Wertsteigerung im Vergleich zum weißen Zucker dar. Brauner Zucker wird aus Zuckerrohr hergestellt, da Rübenmelasse einen unangenehmen Beigeschmack hat.
- **Traubenzucker (Glucose):** Traubenzucker wird hauptsächlich aus Mais- oder Kartoffelstärke gewonnen, kommt aber auch frei in Früchten (beispielsweise Trauben) vor. Er kann vom Körper schnell resorbiert werden, der Blutzuckerspiegel steigt schnell an. Das gilt besonders beim Sport als vorteilhaft. Experten warnen jedoch vor starken Schwankungen des Blutzuckerspiegels und Spätschäden bei Dauergenuss.
- **Fruchtzucker (Fructose):** Fruchtzucker wird nicht aus Früchten, sondern meist durch Umwandlung von Traubenzucker aus Rohrzucker gewonnen. Er gilt als verträglich für Diabetiker und hat eine sehr hohe Süßkraft.
- **Milchzucker (Lactose):** Milchzucker wird aus Molke gewonnen. Er hat nur eine geringe Süßkraft und wirkt leicht abführend.
- **Malzzucker (Maltose):** Malzzucker entsteht beim Abbau von Stärke, beispielsweise Getreidestärke.
- **Isoglucose (Invertzuckersirup, Maissirup):** Isoglucose ist ein Flüssigzucker, der durch enzymatische Umwandlung aus Maisstärke gewonnen wird. Weite Teile der Nahrungsmittel- und Getränkeindustrie süßen ihre Produkte mit Isoglucose, da diese billiger und kalorienärmer ist als Saccharose.

- **Rohrrohrzucker:** Rohrrohrzucker ist eine Unterart des braunen Zuckers. Zuckerrohrsaft wird im Vakuum eingedickt. Durch Zugabe von kleinen Zuckerkristallen wird die Kristallisation gefördert, der auskristallisierte Rohrrohrzucker wird anschließend in Zentrifugen isoliert. Man unterscheidet hellen Syramena oder Cristallino (über neunundneunzig Prozent Saccharose) und hellen Demerara (unter neunundneunzig Prozent Saccharose, über ein Prozent Melasse) aus der ersten Kristallisation und hellen Muscovado, dunklen Muscovado und Melasse (etwa fünfzig Prozent Saccharose) aus der zweiten Kristallisation. Die Trennung erfolgt auch hier durch Zentrifugieren. Je höher der Melassegehalt, desto dunkler und geschmacksintensiver ist der Zucker und desto größer ist der Mineralstoffgehalt.
- **Vollrohrzucker:** Zur Herstellung von Vollrohrzucker wird Zuckerrohrsaft im Vakuum eingedickt. Durch Zugabe von kleinen Zuckerkristallen wird die Kristallisation gefördert. Die Zuckerkristalle werden hier jedoch nicht vom Sirup abgetrennt, sondern beides wird zusammen getrocknet. Vollrohrzucker (etwa achtzig Prozent Saccharose, zwei bis sieben Prozent Glucose, zwei bis neun Prozent Fructose)

– beispielsweise unter den Handelsnamen Ursüße, Sucanat, Rapadura im Handel – hat einen karamellartigen Geschmack.

... Zuckeraustauschstoffe ...

Zuckeraustauschstoffe sind aus natürlichen Rohstoffen wie Stärke oder Zellulose gewonnene Süßungsmittel. Neben Fructose (siehe Seite 15) zählen die Zuckeralkohole *Sorbit, Mannit, Xylit, Isomalt, Maltit* und *Lactit* dazu. Die Süßkraft der Zuckeralkohole liegt meist unter der von Saccharose. Sie enthalten auch Kalorien. Ihr wichtigster Vorteil: Sie sind für Diabetiker geeignet. Zuckeraustauschstoffe können beim Verzehr größerer Mengen zu Blähungen, Durchfall und Übelkeit führen.

... künstliche Süßstoffe

Seit es »in« ist, schlank zu sein, wird nach Alternativen zum Zucker gesucht. Der erste künstliche Süßstoff – *Saccharin* – wurde bereits 1878 entdeckt. Künstliche Süßstoffe – in Deutschland derzeit zugelassene Süßstoffe sind *Saccharin, Cyclamat, Saccharin-Cyclamat-Mischungen, Aspartam, Acesulfam K, Aspartam-Acesulfamsalz, Thaumatin, Neohesperidin DC* und *Sucralose* – sind synthetisch hergestellte Verbindungen, die keine Verwandtschaft mit Zucker haben. Sie besitzen meist eine viel höhere Süßkraft als Zucker, *Aspartam* ist etwa 200-mal süßer als weißer Haushaltszucker. *Cyclamat* ist in den USA verboten, da es im Verdacht steht, Krebs auszulösen. Diese Bedenken gab es wiederholt auch bei *Saccharin*. In Deutschland sind *Cyclamat* und *Saccharin* nach wie vor erlaubt, und vor allem das kalorienfreie *Aspartam* wird mittlerweile zum Süßen vieler Light-Produkte eingesetzt. Hinweise auf Folgeschäden liegen noch nicht vor.

Künstliche Süßstoffe rufen keine Karies hervor und werden deshalb neben den Zuckeraustauschstoffen – diese besitzen eine leicht oder stark verminderte Kariogenität – besonders von der Süßwarenindustrie gerne eingesetzt. Es ist jedoch noch nicht bekannt, welche längerfristigen Wirkungen diese Stoffe auf den Organismus haben. In der Vollwerternährung werden künstliche Süßstoffe und Zuckeraustauschstoffe als stark konzentrierte und synthetische Stoffe abgelehnt.

Alternative Süßungsmittel ...

Auch die alternativen Süßungsmittel sind zum größten Teil industriell aufbereitete, konzentrierte Zucker und nicht unbedingt als vollwertige Lebensmittel anzusehen. Doch ist der in ihnen enthaltene Zucker wenigstens noch im natürlichen Verbund mit Mineralstoffen und je nach Süßungsmittel auch Vitaminen, beispielsweise Vitaminen des B-Komplexes. Allerdings finden sich diese Nährstoffe nur in relativ geringen Mengen. Im Vergleich zu dem hoch raffinierten weißen Zucker schneiden die alternativen Süßungsmittel dennoch besser ab.

- **Zuckerrübensirup:** Zuckerrüben werden gekocht, zerkleinert und gepresst. Der so gewonnene Saft wird durch weiteres Kochen zu einem dicken Sirup eingedickt.
  Zuckerrübensirup enthält zwischen vierzig und sechzig Prozent Zucker, vor allem Glucose und Fructose. Er wird hauptsächlich zum Süßen von Desserts und Gebäck verwendet.
- **Ahornsirup:** Ahornbäume werden im Frühjahr, noch vor dem Austrieb, angezapft, der herausfließende Saft wird gesammelt und durch Kochen eingedickt. Da für einen Liter Sirup etwa vierzig Liter Saft benötigt werden, ist Ahornsirup relativ teuer. Im Naturkostladen angebotener

Ahornsirup kommt weitgehend aus kontrolliert biologischem Anbau.

Lichtdurchlässigkeit und Aroma des Sirups bestimmen die Qualität. Je höher die Lichtdurchlässigkeit, desto qualitativ hochwertiger ist der Sirup. Grad A und B bezeichnen eine helle Farbe und ein mildes Aroma, Grad C und D eine dunklere Farbe und ein kräftig würziges Aroma.

- **Agavendicksaft:** Agavendicksaft entsteht beim Einkochen von Agavensaft, der von Natur aus bis acht Prozent Zucker enthält. Der Zuckeranteil des Agavendicksaftes besteht fast ausschließlich aus Fructose, wodurch der Dicksaft süßer als Haushaltszucker schmeckt.
- **Obstdicksäfte:** Apfel- oder Birnensaft wird in einer Vakuumanlage unter Druck eingedickt. Zum Teil werden wärmeempfindliche Aromastoffe vorher abgetrennt und nach dem Einkochen wieder zugesetzt. Um die Klärung zu beschleunigen, können natürliche Fruchtenzyme zugesetzt werden. Weitere Verarbeitungsschritte können sein: Entsäuern, Pasteurisieren und Sterilisieren. Obstdicksäfte haben einen hohen Fructoseanteil.
- **Gerstenmalz:** Gerste wird gemälzt, das heißt, sie wird gewässert und zum Keimen gebracht. Dabei baut ein Enzym

die Stärke in Maltose um. Die Sprossen werden gedarrt und geschrotet und unter Zugabe von warmem Wasser zu einer Maische verrührt. Die Maische wird gefiltert und im Vakuum zu sirupartigem Gerstenmalz eingedickt. Gerstenmalz hat einen deutlichen Eigengeschmack bei milder Süßkraft.

- **Trockenobst:** Eine der ältesten Konservierungsmethoden ist das Trocknen von Lebensmitteln. Der Wassergehalt wird auf unter zwanzig Prozent abgesenkt, wodurch zersetzenden Bakterien die Lebensgrundlage entzogen wird.

  Trockenobst hat einen hohen Zuckergehalt (sechzig bis siebzig Prozent, hauptsächlich Frucht- und Traubenzucker). Natürlich ist Trockenobst nicht mehr so vollwertig wie frisches Obst, allerdings bleiben bei einer sachgemäßen Trocknung (nicht über fünfzig Grad, möglichst schnelle Trocknung, ohne Lichteinwirkung) Mineralstoffe und Nährstoffe neben einigen Vitaminen relativ gut erhalten.

  Übrigens sollte man gerade nach dem Verzehr von Trockenobst darauf achten, die Zähne gründlich zu reinigen. Reste der süßen Fruchtstückchen setzen sich leicht zwischen die Zähne und schaffen dort für Kariesbakterien ein wunderbares Klima.

Das im Handel erhältliche Trockenobst ist oft mit Schwefeldioxid oder Sulfiden behandelt. Damit soll unter anderem ein unerwünschtes Nachdunkeln verhindert werden. Ab zehn Milligramm Schwefeldioxid pro Kilogramm Trockenfrucht sind getrocknete Früchte als geschwefelt kennzeichnungspflichtig. Die gesetzlich zugelassenen Höchstmengen liegen allerdings weitaus höher. Bei Aprikosen darf beispielsweise bis zu 2.000 Milligramm Schwefeldioxid pro Kilogramm zugesetzt werden. Geschwefelte Produkte können gesundheitliche Beeinträchtigungen wie Übelkeit, Kopfschmerzen und Durchfall bewirken. Trockenobst aus kontrolliert biologischem Anbau ist immer ungeschwefelt. Ein weiteres Konservierungsmittel, dessen Verwendung in der EU und den USA zwar nicht mehr zugelassen ist, bei Trockenobst anderer Herkunft jedoch häufig eingesetzt wird, ist Methylbromid. Vor allem Rosinen, Datteln und Feigen werden damit begast, um Würmer, Insekten und Pilze abzutöten. In größeren Mengen eingeatmet, verursacht Methylbromid Sehstörungen, Kopfschmerzen und Lähmungserscheinungen.

Im Naturkosthandel angebotenes Trockenobst ist in der Regel nicht chemisch behandelt. Eine mögliche nichtchemische Form der Behandlung ist das Schockgefrieren. Dabei wird das Trockenobst über einige Zeit bei sehr tiefen Temperaturen tiefgefroren, um Insekteneier oder Larven abzutöten.

Früchte kann man natürlich auch selbst trocknen. Bitte nur einwandfreies Obst verwenden! Das Obst waschen, wieder gut abtrocknen und gegebenenfalls klein schneiden. Kleinere Mengen können auf einen Faden aufgefädelt werden (beispielsweise Apfelringe, entsteinte Pflaumen); weicheres Obst oder auch größere Mengen trocknet man am besten auf einem Rost. Die Früchte nicht in der vollen Sonne, sondern besser an einem schattigen, etwas luftigen Plätzchen trocknen.

Noch besser, schneller und vor allem vitaminschonender trocknet man die Früchte in einem speziellen Dörr- oder Trockenapparat (siehe Seite 100), am besten natürlich mit der solarbetriebenen Variante!

... und Honig

Honig ist das vollwertigste Süßungsmittel, denn zu seiner Gewinnung werden keine konzentrierenden oder raffinierenden Verfahren eingesetzt. So, wie ihn die Biene als Wintervorrat einlagert, kann er auch verzehrt werden. Dazu holt der Imker die Waben aus den Bienenstöcken, befreit sie von der sie verschließenden Wachsschicht und schleudert mit Hilfe einer Honigschleuder den Honig heraus. Der Honig wird noch gefiltert, um ihn von Verunreinigungen wie Wachs oder Flügeln zu säubern. Naturbelassener Honig wird nun einfach

abgefüllt. Er hat von der Wabe bis ins Honigglas die Temperatur von vierzig Grad nicht überschritten.

Leider werden im konventionellen Handel oft Honige angeboten, die durch zu starkes Erhitzen wärmegeschädigt sind. Erhitzter Honig kann leichter, schneller und damit auch kostengünstiger verarbeitet werden. An seinem Aussehen und seiner Süßkraft ändert sich durch das Erhitzen nichts, allerdings werden fast alle seiner wertgebenden und heilenden Inhaltsstoffe zerstört. Übrig bleibt ein Honig »minderer Qualität«.

Auch vor dem Lebensmittel Honig hat der »Fortschritt« nicht haltgemacht. In industriellen Honigfarmen werden die Bienen mit Antibiotika behandelt, und es werden Chemikalien eingesetzt, um die Bienenstöcke frei von Parasiten zu halten. Schadstoffe aus der Luft und Pestizide aus der Landwirtschaft werden ebenfalls im Honig abgelagert. Guten Appetit! Imker, die nach Richtlinien für die biologische Bienenhaltung arbeiten, halten ihren Honig möglichst frei von diesen Giftstoffen. Standorte weitab von Industrieansiedlungen, Krankheitsvorsorge und -behandlung mit biologischen Mitteln sind Möglichkeiten, reineren Honig zu gewinnen. Es lohnt sich deshalb, den Honig entweder direkt bei einer bekannten, nach biologischen Methoden arbeitenden Imkerei oder im Naturkostladen zu kaufen.

Honig besteht zu achtzig Prozent aus Zucker (fünfzig bis achtzig Prozent Glucose und Fructose, in kleineren Mengen Maltose, Saccharose und Mehrfachzucker). Daneben enthält Honig aber auch wertvolle Inhaltsstoffe wie Enzyme, Vitamine, Mineralstoffe, Spurenelemente und Hormone. Seine Zusammensetzung ist von Sorte zu Sorte unterschiedlich.

Das ganz spezielle Aroma des Honigs ist abhängig von der Pflanze, die den Bienen den Nektar lieferte. Es gibt sehr milde

Honige, aber auch kräftig würzige. Am besten probiert man einige Honige aus, um die vielen unterschiedlichen Geschmacksnuancen kennenzulernen.

Honig fördert durch seinen hohen Zuckergehalt in Verbindung mit seiner großen Klebrigkeit Karies.Also: Auch Honig nicht in größeren Mengen essen und an die Zahnhygiene denken!

Für die in diesem Buch vorgestellten Naschereien habe ich – außer Trockenobst – stets Honig als Süßungsmittel verwendet. Damit der Honig geschmacklich nicht zu sehr dominiert, empfehle ich einen einfachen, milden Blütenhonig. Natürlich kann man auch andere Süßungsmittel wie Dicksaft oder Ahornsirup verwenden. Je nach Süßkraft und Geschmack verwendet man etwas mehr oder weniger Süßungsmittel, als im Rezept angegeben ist.

Leider lässt es sich bei manchen Rezepten nicht vermeiden, den Honig zu erhitzen. Das wird dann wohl oder übel in Kauf genommen. Die Vorteile des Lebensmittels Honig gegenüber dem Zucker sind dennoch überragend.

Um das Abmessen zu erleichtern, wird in den Rezepten Honig immer esslöffelweise verwendet. Wer's lieber abwiegen möchte:

1 Esslöffel Honig entspricht je nach Sorte 15 bis 20 g.

Gesunde Zutaten

Die Lebensmittel, die wir für unsere süßen und pikanten Naschereien verwenden, sollten so naturbelassen wie möglich
sein. Natürlich ist auch ein Bonbon aus Biohonig und -sahne
nicht gerade reine Vollwertlehre. Aber wenn schon, dann
wenigstens mit gesunden Zutaten ohne künstliche Konser-
vierungs- und Farbstoffe. Und wer sich sonst immer vollwertig
ernährt ...

Wer so weit wie möglich Zutaten aus **kontrolliert biologischem Anbau** verwendet, tut nicht nur sich selbst etwas
Gutes, sondern unterstützt auch den Umweltschutz. In der
ökologischen Landwirtschaft wird auf den Einsatz von Kunst-
düngern und chemischen Unkraut- und Schädlingsbekämp-
fungsmitteln konsequent verzichtet. Auch die Verarbeitung
erfolgt möglichst schonend, beispielsweise wird Trockenobst nicht geschwefelt. Diese Lebensmittel sind im Naturkostladen, im Reformhaus oder direkt beim Erzeuger erhältlich.

Bei **tierischen Produkten** wie Milch und Eiern sollte man
darauf achten, dass diese aus einer artgerechten Tierhaltung
stammen. Übrigens ist auch die »Bodenhaltung« nicht das
Gelbe vom Ei, denn auch hier müssen sich immer noch neun
(konventionelle Haltung) beziehungsweise sechs (ökologi-
sche Haltung) Hühner einen Quadratmeter Stallboden teilen. Erst bei »Freilandhaltung« kann man von glücklicheren
Hühnern sprechen. Je nach Betrieb stehen jedem Huhn zusätzlich zur Stallfläche (wie »Bodenhaltung«) mindestens vier
Quadratmeter Freifläche zur Verfügung.

Die Nahrungsmittel sollten so **naturbelassen wie möglich** sein. Mehl wird möglichst frisch gemahlen und nicht
ausgesiebt. Zum Süßen stehen alternative Süßungsmittel wie

Honig, Dicksäfte, Ahornsirup und Trockenobst zur Verfügung. Bei Salz empfiehlt sich das mineralstoffreichere und jodhaltige Meersalz oder ein mit Kräutern gemischtes Kräutersalz. Als Treibmittel gibt es das magenfreundliche Weinsteinbackpulver.

Noch ein Wort zum Reizthema **»Schokolade oder Carob«.** Carob, auch bekannt unter dem Namen Johannisbrotmehl, gilt oft als beste Alternative zu Kakao. Das aus dem Fruchtfleisch der Schoten des Johannisbrotbaums hergestellte Carob ist weniger fetthaltig als Kakao und vor allem frei von stimulierenden Wirkstoffen wie Theobromin und Koffein. Es wird wegen seiner Ähnlichkeit mit Kakao zu Carobschokolade und süßen Cremes verarbeitet und dient als Glasur für Rosinen, Riegel und Kekse. Eigentlich wird so ziemlich alles aus Carob hergestellt, was es auch aus Kakao oder Schokolade gibt. Meine ganz persönlich Meinung dazu: Carob sieht aus wie Schokolade, riecht wie Schokolade, schmeckt aber nach Carob ... Wenn schon, dann greife ich lieber gleich zur richtigen Schokolade. Die gibt es in kontrolliert biologischer Qualität im Naturkostladen zu kaufen, und sie schmeckt wirklich köstlich. Wer lieber Carob verwenden möchte, kann das natürlich gerne tun. In den Rezepten ist immer beides angegeben. Also: Schokolade oder Carob – reine Geschmackssache!

Tipps für den Kindergeburtstag

Wenn sich Eltern heute über Kindergeburtstage austauschen, klingt das wie ein kleines Horrorszenario. Die lieben Kleinen müssen die ganze Zeit unterhalten werden. Kino, Planwagenfahrten oder ein engagierter Zauberer sind nicht ungewöhnlich. Zwischendurch werden die Kids mit Unmengen von Süßigkeiten vollgestopft und abends gibt es ein Spezial-Kinderabendessen (das von mindestens fünfzig Prozent dieser Minibestien verschmäht wird). Die Gäste erwarten, dass sie eine Menge kleiner Geschenke und Preise mit nach Hause nehmen. Und wehe, wenn nicht!

Alleine ist das gar nicht mehr zu bewältigen. Da muss sich mindestens der Papa oder eine gute Freundin Urlaub nehmen. Oder man geht gleich zu McSowieso. Da ist man alles los. Extra ausgebildete Animateure kümmern sich darum, dass bloß keine Langeweile aufkommt.

Natürlich wissen alle, dass diese Art des Feierns einfach doof ist. Für alle Beteiligten. Denn auch die Kinder sind nach so einem Tag meistens nur aufgedreht und mehr oder weniger frustriert. Deshalb also für alle, die es einmal anders probieren möchten, hier ein paar Tipps:

- Laden Sie **nicht zu viele Kinder** ein. Als Faustregel kann gelten: höchstens so viel Gäste, wie das Geburtstagskind Jahre alt wird, also sechs Gäste zum sechsten Geburtstag.
- Lassen Sie den »kleinen Gastgeber« an den **Vorbereitungen** teilhaben. Einladungskarten malen und verteilen oder Tisch- und Zimmerdekoration basteln können auch schon kleinere Kinder. Die Kinder sollen lernen, es ihren Gästen behaglich zu machen, eine durchaus nicht mehr selbstverständliche Fähigkeit. Übrigens, ein guter Gastgeber ist meist auch ein guter Gast!
- **Kinder haben Spaß am Selbermachen.** Warum nicht einmal zum Abendessen Kinderpizza, die sich die Kinder selbst zubereiten dürfen? Keine Angst, das Chaos wird wahrscheinlich nicht allzu groß ausfallen. Sie bereiten den Teig zu und teilen ihn in kleine Portionen. Die Belagzutaten

stehen in kleinen Schüsseln bereit. Die Kinder rollen sich ihr Teigstück selbst aus (sehr wichtig!) und können sich ihren Belag selbst zusammenstellen. Das können übrigens schon Zweijährige. Da bleibt bestimmt nichts übrig!

- Oder Sie lassen den traditionellen Geburtstagskuchen ausfallen und die Kinder »kochen« sich **selbst etwas Leckeres** zum Naschen. Das Einfachste ist natürlich Popcorn in allen Variationen. Dabei geht es meist auch sehr lustig zu. Aber auch viele der anderen Rezepte können von Kindern leicht zubereitet werden. Planen Sie hier ruhig größere Mengen ein. Was übrig bleibt, wird schön eingepackt und darf von den Gästen mit nach Hause genommen werden. Schließlich sind die Kinder ja sehr stolz auf ihre Resultate. Und so eine Tüte mit selbst gemachten Naschereien ist doch allemal besser als die sonst üblichen Mengen der kitschigen Kleinigkeiten, die sowieso gleich kaputtgehen und meist eine Menge Geld kosten.

- Kinder sind kreativ, wenn man sie lässt. Auch wenn der Nachmittag nicht von Anfang bis Ende voll durchgestaltet ist, langweilig wird es ihnen wahrscheinlich trotzdem nicht. Spiele wie Topfschlagen und Blindekuh sind zwar megaout, aber den Kids wird schon etwas einfallen. Wer's nicht glaubt, kann ja vorsichtshalber ein paar Anregungen bereithalten, aber das reicht meist auch schon aus. Am einfachsten ist es, wenn man den ganzen Kindergeburtstag unter ein **Motto** stellt, beispielsweise zu einer Dinofete einlädt. Da kann man bei den Einladungskarten, dem Tischschmuck, Masken und Ähnlichem die eigene Fantasie einsetzen, den Rest besorgen dann schon die Kinder.

- Es sollte **feste Spielregeln** geben. Viele Eltern verlagern nicht zuletzt deshalb den Geburtstag ihrer Sprösslinge nach draußen, weil sie Angst um ihre Wohnung haben, leider nicht immer zu Unrecht. Eigentlich schade, oder? Dabei meine ich weder Dreck noch Unordnung, sondern beschmierte Tapeten, zerdepperte Lampen und ähnliche Heldentaten. Ich denke jedoch, wenn die Kinder Bescheid wissen, dass es bestimmte Tabus gibt, können alle entspannt ein schönes Fest daheim genießen.

- Versuchen Sie, **möglichst wenig Stress** vor, während und nach dem Fest zu haben. Es gibt nichts Schlimmeres als genervte, aufopfernde Eltern (die das natürlich auch ständig raushängen lassen). Wenn Ihnen etwas zu viel wird, dann lassen Sie es doch einfach bleiben oder vereinfachen das Ganze. Ihre Stimmung teilt sich ganz bestimmt auch den Gästen mit. Wie schon das alte Sprichwort sagt: »Wie man in den Wald hineinruft ...«.

In diesem Sinne: Schönes Fest!

Geschenkideen

Selbst gemachte Naschereien, schön verpackt, sind begehrte Mitbringsel. Selbermachen ist »in«! Doch gerade hier muss die Verpackung nicht nur schön, sondern auch zweckmäßig sein. Denn selbst die leckersten Karamellbonbons kommen nicht an, wenn beim Auswickeln das Papier daran kleben bleibt. Also, was tun?

Man könnte natürlich all den Süßpapp einfach in Alu- oder Klarsichtfolie einpacken. Könnte man – aber das wollen wir der Umwelt zuliebe doch lieber nicht tun. Mit ein bisschen Köpfchen geht's nämlich auch anders.

- In gut sortierten Schreibwarengeschäften gibt es sogenanntes **Wachspapier** (auch Wachsschichtpapier genannt), ein mit Öl imprägniertes, wasserdichtes Papier für Verpackungszwecke. Dieses Papier eignet sich wunderbar zum Einwickeln von Bonbons, Riegeln und anderen klebrigen oder leicht fettigen Naschereien. Wer's bunt mag, nimmt eben verschiedene Farben.
- Lose Knabbereien wie Studentenfutter, Gebäck oder Bananenchips lassen sich gut in **Schraub- oder Twist-Off-Gläsern** verschenken. Wenn der Deckel hässlich ist, kriegt er einfach ein Häubchen aus Stoff oder Papier verpasst.
- Für Gebäck und andere nicht zu stark fettende Knabbereien kann man auch eine **Tüte oder eine Papierschachtel** basteln. Und wer dabei auf Nummer sicher gehen will, nimmt auch für Tüten und Schachteln Wachspapier. Allerdings muss man damit sehr sorgfältig arbeiten, denn bei Wachspapier sieht man jede Falz- und Knickstelle.
- Aus einem Stoffrest oder Nickituch kann man eine Art **Futtersäckchen** binden oder nähen (je nach Talent). Darin kann man beispielsweise Nussmischungen gut verschenken.

- Kleine Süßigkeiten und Pralinen sollten auch schön präsentiert werden. In Haushaltswarengeschäften gibt es extra dafür **kleine Papierförmchen,** für jede Praline eins. Man kann sich solch kleine Förmchen aber auch leicht selbst herstellen. Dazu schneidet man aus etwas festerem Papier (gegebenenfalls Wachspapier, aber bitte keine Pappe!) Kreise mit acht bis zehn Zentimeter Durchmesser aus. Über einer Flaschenöffnung formt man daraus kleine Körbchen. Normalerweise reicht das schon aus, die Körbchen sind recht stabil. Wer Lust hat, kann das Ganze aber auch noch mit einem Faden (Haushaltskordel, Geschenkbändchen, Wollrest ...) fixieren. Bei der einfacheren Methode bindet man einfach eine Schnur außen herum, Nähgeübte können aber auch den Faden durch das Papier »reihen« (das heißt, etwa einen Zentimeter vom Rand entfernt mit groben Stichen rundherum nähen) und dann zu einem Körbchen zusammenziehen. Eine Schleife binden, und es sieht aus wie vom Hofkonditor!
- Aus Marzipan lassen sich wunderschöne Figürchen herstellen. Wie wär's mit einem kleinen **Jutesäckchen,** gefüllt mit Marzipankartoffeln (siehe Rezept Seite 83)? Oder einer kleinen Marzipankatze als Dankeschön fürs Katzenhüten? Erlaubt ist, was gefällt ...
- **Gebäckdosen** aus dem Haushaltswarengeschäft werden zum sehr viel persönlicheren Geschenk, wenn sie mit selbst gemachten Knabbereien gefüllt sind. Ein schönes Geschenk, nicht nur zur Weihnachtszeit!
- Ein **Eisportionierer** zusammen mit einer Portion Vollwert-Eis – ein tolles Geschenk, vor allem im Hochsommer!
- Um noch einmal auf das Verpackungsmaterial zurückzukommen: **Popcorn natur** eignet sich wunderbar als Füllmaterial (siehe Rezept Seite 112). Statt Styroporchips!

- Natürlich darf bei all diesen Geschenken eine **Anleitung** zum Nachmachen nicht fehlen!
- Die meisten Vollwert-Schleckereien gehören in den **Kühlschrank** und sind nicht unbegrenzt haltbar. Bitte sagen Sie dies auch den Beschenkten. Meist werden sie jedoch ohnehin recht schnell gegessen.

Rezepte

Riegel, Schnitten & Bällchen

Riegel machen mobil, bei Arbeit, Sport und Spiel ... Die Werbung weiß es schon lange: Riegel oder ihre kleinen Verwandten, die Kugeln, sind ideal als kleine Mahlzeit für unterwegs. Auf Vorrat produziert und gut verpackt, kann man sie bei Bedarf schnell einstecken für den Fall, dass der kleine Hunger kommt.

Doch damit man nicht demnächst selbst als Kugel durch die Gegend rollt: Auch wenn die hier vorgestellten Rezepte nicht so süß sind, darf man nicht vergessen, dass es sich hier um kleine Kalorienbomben handelt, sozusagen konzentrierte Nährstoffdepots. Aber das kann ja durchaus erwünscht sein, beispielsweise für die kurze Pause beim Sport, als Reiseproviant oder in einer Prüfung.

Die fertigen Riegel sollten im Kühlschrank aufbewahrt werden. Für unterwegs schlägt man sie in Butterbrotpapier oder Wachspapier ein oder nimmt sie, noch besser, in der wiederverwendbaren Brotdose mit.

Fruchtschnitten

250 g Dörrobst
4 EL Fruchtsaft (wie Apfelsaft)
125 g süße Mandeln
125 g Walnüsse
75 g Butter
3 EL Honig
2 Eier
100 g Weizen
2 TL Weinsteinbackpulver
125 g Rosinen
Vollkornoblaten

Das Dörrobst in kleine Stückchen schneiden und mit dem Saft vermischt einige Stunden ziehen lassen. Die Mandeln kurz mit kochendem Wasser überbrühen, mit kaltem Wasser abschrecken und die braunen Häutchen abziehen. Die Nüsse und Mandeln mit einem großen Messer hacken. Die Butter mit dem Honig und den Eiern schaumig rühren. Weizen fein mahlen. Mehl und Backpulver mischen und unter die Eiermasse rühren. Dörrobst, Nüsse, Mandeln und Rosinen dazugeben und gut vermischen.
Die Masse mit einem feuchten Messer etwa 15 mm dick auf die Oblaten streichen und mit jeweils einer Oblate abdecken. Auf einem Backblech im vorgeheizten Backofen bei 150 °C 15 bis 20 Minuten backen. Sollten die oberen Oblaten zu sehr bräunen, mit einem Stück Pergamentpapier abdecken.
Die Fruchtriegel abkühlen lassen. Im Kühlschrank oder in einer gut verschließbaren Dose aufbewahren.

Mandelschnitten

250 g süße Mandeln
60 g Vollkornflocken
1 EL Butter
4 EL Honig
100 g Sesam

Die Mandeln kurz mit kochendem Wasser überbrühen, mit kaltem Wasser abschrecken und die braunen Häutchen abziehen. Etwa zwei Esslöffel der Mandeln hacken, den Rest fein mahlen. Die Vollkornflocken in der Butter anrösten, bis sie knusprig sind. Den Honig in einem Topf vorsichtig erhitzen, bis er gerade flüssig wird, dann die gehackten und die gemahlenen Mandeln und die gerösteten Vollkornflocken unterrühren.

In einer trockenen Pfanne den Sesam unter Rühren erhitzen, bis er leicht zu bräunen beginnt und gut duftet. Eine flache Auflaufform mit Pergamentpapier auslegen und mit der Hälfte des Sesams ausstreuen. Die Mandel-Honig-Masse darauf verteilen und etwas andrücken. Den restlichen Sesam daraufstreuen.

Im Kühlschrank zwei Stunden abkühlen lassen. Mit einem scharfen Messer in Riegel schneiden. Die Riegel in Pergamentpapier verpacken und im Kühlschrank aufbewahren.

Wer keinen Sesam mag, kann stattdessen auch Mandeln oder Pistazien nehmen. Oder einfach aus der Mandel-Honig-Masse mit feuchten Händen kleine Kugeln formen.

Energieschnitten

150 g Dörrpflaumen
3 EL Apfelsaft
100 g Weizen
50 g Hafer
125 ml Wasser
50 g gemahlene Haselnüsse
1 EL Zitronensaft
1 – 2 EL Honig
Vollkornoblaten

Die Dörrpflaumen in kleine Stückchen schneiden, mit dem Apfelsaft beträufeln und über Nacht ziehen lassen. Weizen und Hafer fein schroten und mit dem Wasser verrühren. Zugedeckt über Nacht im Kühlschrank quellen lassen. Am Morgen überschüssiges Wasser abgießen, den Frischkornbrei mit der Hand noch leicht trockendrücken.

Alle Zutaten bis auf die Oblaten im Mixer gut miteinander vermischen. Immer eine Oblate mit der Masse bestreichen und mit einer zweiten Oblate abdecken. Die Riegel für unterwegs in Pergamentpapier verpacken.

Sollte die Masse zu feucht sein, können noch mehr gemahlene Haselnüsse untergeknetet werden. Sollte sie zu trocken sein, noch etwas Apfel- oder Zitronensaft zugeben.

Sojanusskugeln

100 g ungewürzte Sojanüsse
(siehe Rezept Seite 45)
100 g Rosinen
50 g Sonnenblumenkerne
2 EL Honig
40 g Sesam

Die Sojanüsse grob hacken. Die Rosinen sehr fein schneiden, die Sonnenblumenkerne hacken. Sojanüsse, Rosinen und Sonnenblumenkerne mit dem Honig zu einer kompakten Masse verkneten und kleine Kugeln daraus formen.
Den Sesam in einer trockenen Pfanne anrösten, bis er zu duften beginnt. Die Kugeln in den Sesamsamen wälzen.

Kokosbälle

100 g ungewürzte Sojanüsse
  (siehe Rezept Seite 45)
100 g getrocknete Aprikosen
50 g Kokosflocken
75 g Rosinen
50 g feine Haferflocken
2 EL Honig
1 EL Zitronensaft
Kokosflocken zum Wälzen

Die Sojanüsse fein hacken, die Aprikosen fein schneiden.
Die Kokosflocken in einer trockenen Pfanne leicht anrösten.
Alle Zutaten bis auf die ungerösteten Kokosflocken zum Wäl-
zen miteinander zu einer festen Masse verkneten und zu klei-
nen Kugeln formen.
In den ungerösteten Kokosflocken wenden.

Pistazienbälle

100 g ungewürzte Sojanüsse
(siehe Rezept Seite 45)
100 g entkernte Datteln
50 g gemahlene süße Mandeln
75 g Rosinen
50 g feine Haferflocken
2 EL Honig
1 – 2 EL Wasser
50 g Pistazien

Die Sojanüsse fein hacken, die Datteln fein schneiden. Alle Zutaten bis auf die Pistazien miteinander zu einer festen Masse verkneten und zu kleinen Kugeln formen.
Die Pistazien fein hacken und die Kugeln darin wälzen.

Statt der Kugeln kann man auch eine Rolle aus der Masse kneten und diese in den gehackten Pistazien wälzen. Die Rolle für mindestens 30 Minuten kühl stellen, dann in zentimeterdicke Stücke schneiden. Diese Taler schön auf einem Teller anrichten.

Aprikosenriegel

1 Zitrone
200 g getrocknete Aprikosen
4 EL Honig
100 g gemahlene Haselnüsse
50 g gehackte Haselnüsse
Vollkornoblaten

Die Zitrone auspressen. Die Aprikosen mit dem Honig, den gemahlenen Haselnüssen und dem Zitronensaft im Mixer zu einer homogenen Masse verarbeiten. Die gehackten Haselnüsse dazugeben und unterrühren. Immer eine Oblate mit der Masse bestreichen und mit einer zweiten Oblate abdecken. Die Riegel für unterwegs in Pergamentpapier verpacken.

Sollte die Masse zu feucht sein, können noch gemahlene Haselnüsse untergeknetet werden. Sollte sie zu trocken sein, noch etwas Zitronensaft zugeben.

Bunte Marzipankugeln

50 g süße Mandeln
2 EL Honig
2 EL Trockenobst
2 EL feine Haferflocken
2 EL Kokosflocken
2 EL gerösteter Sesam
2 EL gehackte Pistazien

Aus Mandeln und Honig nach dem Grundrezept Marzipan herstellen (siehe Rezept Seite 80). Das Trockenobst sehr fein schneiden. Mit dem Marzipan und den Haferflocken gut verkneten. Die Masse zu kleinen Kugeln formen.
Je ein Drittel der Kugeln in Kokosflocken, Sesam und Pistazien wälzen. Die Kugeln zwei Stunden im Kühlschrank fest werden lassen.

In einer Schale schön angerichtet oder auch mal als Garnierung auf einer Torte, sind die Kugeln eine Freude fürs Auge. Sie eignen sich aber in Papier verpackt auch gut für unterwegs.

Nussknabbereien

Wenn es beim Knabbern so richtig kernig und krachig klingt, sind bestimmt Nüsse im Spiel. Dass einige der nachfolgenden Knabberrezepte gar keine »richtigen« Nüsse enthalten, stört einen großen Geist wahrscheinlich nicht.

Nüsse sind nicht unbedingt Schlankmacher. Man kann sie als konzentrierte Ballung von Nährstoffen ansehen. Neben einem hohen Anteil an Fetten (40 bis 70 Prozent, hauptsächlich gesunde ungesättigte Fettsäuren) und Eiweiß (bis zu 30 Prozent) enthalten sie wertvolle Mineralstoffe, Vitamine und Spurenelemente. Deshalb gilt für die folgenden Rezepte: Lassen Sie's ruhig mal krachen!

Sojanüsse

3 Tassen Sojabohnen
Wasser zum Einweichen
eventuell 2 – 3 TL Sojasauce oder 1 TL Kräutersalz

Die Sojabohnen mit reichlich Wasser bedeckt über Nacht einweichen. Das Einweichwasser abschütten. Die Sojabohnen ohne Öl so auf einem Backblech verteilen, dass sie nicht übereinanderliegen. Im vorgeheizten Backofen bei 180 °C 20 bis 30 Minuten rösten, bis die Sojabohnen goldgelb und knackig sind. Sie sollen nicht zu stark bräunen! Mit Sojasauce oder Kräutersalz abschmecken.

Die Sojanüsse können in einer gut schließenden Dose einige Zeit aufbewahrt werden. Vor dem Servieren noch einmal kurz in einer trockenen Pfanne rösten, dann schmecken sie wieder frisch und knackig.

Ungesalzen schmecken Sojanüsse übrigens auch im Müsli und in Salaten. Sie dienen auch als »Grundstoff« für andere gesunde Naschereien.

Buchweizenknabberei

Öl für die Pfanne
3 Tassen Buchweizen
Kräutersalz oder körnige Gemüsebrühe

Das Öl in der Pfanne erhitzen und den Buchweizen unter Rühren kurz rösten.
Mit Kräutersalz oder körniger Gemüsebrühe würzen.

Diese Knabberei ist schnell gemacht und schmeckt kalt oder warm köstlich.

Knabbermandeln

250 g süße Mandeln
20 g Butter
2 EL Gomasio

Die Mandeln kurz mit kochendem Wasser überbrühen, in ein
Sieb geben und mit kaltem Wasser abschrecken. Die brau-
nen Häutchen abziehen und die Mandeln trockentupfen.
Die Butter in einer Pfanne erhitzen und die Mandeln unter
ständigem Rühren 10 Minuten darin hellbraun rösten.
Noch heiß mit dem Gomasio bestreuen.

Gomasio ist eine Köstlichkeit aus der makrobiotischen Küche. Es besteht aus einer Mischung von Salz und geröste-
tem Sesam. Gomasio ist im Naturkostladen erhältlich, man
kann es aber auch leicht selbst herstellen: 1 Teil Meersalz in
einer trockenen Pfanne rösten und im Mörser fein zerstoßen. 10 Teile Sesam ebenfalls in einer trockenen Pfanne
rösten, bis die Körnchen gleichmäßig braun sind und sich
mit den Fingern leicht zerkrümeln lassen. Ebenfalls im Mörser
fein zerstoßen. Salz und Sesampulver miteinander mischen.
Gomasio schmeckt frisch am besten und sollte daher nur in
kleinen Mengen hergestellt werden. In einem Schraubglas
im Kühlschrank aufbewahrt, behält es am besten sein Aroma.

Studentenfutter

100 g Rosinen
je 50 g süße Mandeln, Haselnüsse, Walnüsse,
  ungesalzene Erdnüsse, Cashewnüsse

Alle Zutaten gut miteinander vermischen.
In einem gut verschließbaren Glas aufbewahren oder am besten gleich »wegfuttern«.

Studentenfutter hat seinen Namen wahrscheinlich daher, dass es als Nervennahrung gilt. Tatsächlich sind Nüsse reich an B-Vitaminen sowie Calcium und Kalium. Sie haben außer einem hohen Fettanteil (um 60 Prozent) auch relativ viel Eiweiß (etwa 20 Prozent). Na ja, und gut schmecken sie sowieso.

Bei einem selbst gemischten Studentenfutter kann man natürlich besonderen Vorlieben Rechnung tragen. Wer gerne Rosinen isst, erhöht einfach den Rosinenanteil, wer gegen Haselnüsse allergisch ist, ersetzt diese durch eine andere Nuss ...

Krokantecken

200 g süße Mandeln
10 EL Honig
Öl zum Bestreichen

Die Mandeln kurz mit kochendem Wasser überbrühen, in ein Sieb geben und mit kaltem Wasser abschrecken. Die braunen Häutchen abziehen und die Mandeln grob hacken.

Den Honig in einer Pfanne unter ständigem Rühren etwa 5 Minuten karamellisieren lassen. Die Mandeln dazugeben und unterrühren, bis sie sich richtig mit dem Honig verbunden haben.

Ein Backblech mit Pergamentpapier auslegen und mit Öl bestreichen. Die Masse dünn aufstreichen und leicht abkühlen lassen. Mit dem Messerrücken auf der noch weichen Krokantmasse Dreiecke einkerben. 10 Minuten kalt stellen, die Dreiecke lassen sich nun leicht abbrechen.

Bis zum Verzehr in einer Dose oder einem Schraubglas trocken und luftdicht aufbewahren.

Statt Mandeln kann man auch Haselnüsse oder Erdnüsse verwenden. Auch Kokoskrokant schmeckt sehr lecker!

Carobnüsse

150 g Carobriegel
1 – 2 EL warmes Wasser
150 g Nüsse (wie Haselnüsse, süße Mandeln, Walnüsse)
1 EL Butter

Die Carobriegel in grobe Stücke brechen und im Wasserbad schmelzen. So viel warmes Wasser unterrühren, dass eine dickflüssige Glasur entsteht.
Die Nüsse in der heißen Butter anrösten und mit Hilfe einer Gabel in die Carobglasur tauchen. Auf einem Rost abtropfen und erstarren lassen.
Die Carobnüsse in einem Deckelglas aufbewahren.

Wer mag, kann natürlich auch statt der Carobriegel Schokolade nehmen. Im Naturkostladen gibt es mittlerweile davon ein recht breites Angebot.

Eine ähnlich leckere Nascherei sind Carobrosinen. Dazu werden Rosinen in die Carobglasur getaucht und dann zu kleinen Häufchen auf ein Pergamentpapier zum Trocknen gesetzt.

Kekse und Knabbergebäck

Kennen Sie das auch: Die Wohnung ist frisch geputzt, Küchenschränke und Keller sind wohlgefüllt und die neue Frisur sieht eigentlich gar nicht so schlecht aus – und garantiert kommt kein Mensch vorbei. Überraschender Besuch kommt nämlich immer dann, wenn sich im Badezimmer die Schmutzwäsche türmt und auch die restlichen Räume im Chaos zu versinken drohen. Wenn nichts, aber auch nichts Präsentables mehr im Kühlschrank ist und man selbst in Jogginghosen und den alten Puschen nicht ganz so vorzeigbar ist. Das sind dann Tage, die es mit möglichst viel Würde zu meistern gilt. Wenigstens das Problem der Verköstigung lässt sich lösen: Backen Sie doch schnell ein paar Kekse oder was zum Knabbern. Wenn der Besuch schon da ist, macht das auch nichts. Dann setzen Sie ihn einfach mit einer Tasse Kaffee in die Küche dazu und klönen ein bisschen beim Backen. In der Küche ist es sowieso meistens am gemütlichsten. Das Keksebacken geht fix, und da das kleine Gebäck auch erfreulich schnell ausgekühlt ist, können Sie es sich schon kurz darauf gemütlich machen. (Dass die Küche dann wahrscheinlich noch verheerender aussieht, darüber decken wir großzügig das Mäntelchen des Schweigens ...)

Die Knabbersachen können, luftdicht aufbewahrt, auch einige Tage auf Vorrat gebacken werden. Aber wahrscheinlich werden sie schon vorher weggefuttert. Wenn dann mal wieder überraschend Besuch kommt ...

Hübsches Plätzchen!

Und so lecker...

Hefestangen

250 g Weizen
1 TL Meersalz
100 ml lauwarmes Wasser
30 ml Öl
30 g Hefe

Den Weizen fein mahlen. Alle Zutaten gründlich zu einem glatten Teig verkneten. Aus dem Teig lange, dünne Stangen formen und mit etwas Mehl bestäuben. Die Stangen auf einem gefetteten Backblech im vorgeheizten Backofen bei 200 °C backen, bis die Stangen leicht zu bräunen beginnen. Kalt oder warm servieren.

Hefestangen sind sehr schnell gemacht, vor allem wenn man eine Küchenmaschine hat, die den Teig quasi nebenbei rührt. Der Teig muss nicht gehen!

Hefestangen sind auch sehr lecker als Beilage zu einem bunten Rohkostsalat oder einer herzhaften Suppe. Der Teig kann auch als Unterlage für Pizza oder Gemüsekuchen genommen werden. Er reicht für ein Blech.

Müsliecken

100 g Weizen
2 Eier
200 g Müsli
1 Prise Meersalz
2 TL gemahlener Zimt
1 TL Ingwerpulver
2 EL Öl
2 EL Honig
etwa 125 ml Wasser
Vollkornflocken zum Garnieren

Den Weizen fein mahlen, die Eier trennen. Mehl, Müsli und Gewürze mischen. Öl, Eigelb, Honig und Wasser miteinander verrühren und zu der Mehlmischung geben. Das Eiweiß zu steifem Schnee schlagen und vorsichtig unter den Teig heben.
Den Teig auf ein gefettetes Backblech geben und mit Vollkornflocken bestreuen.
Im vorgeheizten Backofen bei 200 °C 20 Minuten backen.
Das Blech herausnehmen und aus dem noch warmen Teig Quadrate oder Dreiecke schneiden. Abkühlen lassen und in einer luftdicht schließenden Dose aufbewahren.

Aus dem Teig lassen sich auch leicht Buchstaben formen. Dazu nur so viel Wasser verwenden, dass ein modellierbarer Teig entsteht. Nun können daraus große Buchstaben geformt werden. Eine lustige Idee für den Kindergeburtstag. Die Buchstaben im Ofen backen, bis sie zu bräunen beginnen.

Gorgonzolaplätzchen

200 g Gorgonzola
150 g weiche Butter
100 g süße Sahne
½ TL Meersalz
300 g Weizen
1 TL Weinsteinbackpulver
1 Eigelb
1 EL Wasser
Mohn, Sesam, Kümmel, gehackte Pistazien
  oder süße Mandeln zum Bestreuen

Den Käse mit einer Gabel zerdrücken und mit der weichen
Butter, Sahne und Salz verrühren. Den Weizen fein mahlen
und mit dem Backpulver mischen. Mit der Käsemasse zu
einem Mürbeteig verkneten. Den Teig im Kühlschrank zugedeckt zwei Stunden ruhen lassen.
Den Teig portionsweise etwa 5 mm dick auf einer bemehlten
Fläche ausrollen und mit Förmchen Plätzchen ausstechen.
Wer's eilig hat, kann auch mit dem Teigrädchen oder einem
scharfen Messer Rechtecke ausschneiden. Die Plätzchen auf
ein gefettetes und bemehltes Backblech setzen. Das Eigelb
mit dem Wasser verquirlen und die Plätzchen damit bestreichen. Mit Mohn, Sesam, Kümmel, gehackten Pistazien oder
süßen Mandeln bestreuen und dann bei 200 °C im vorgeheizten Backofen 10 bis 15 Minuten backen. Auf einem
Kuchengitter auskühlen lassen.

Paprikakugeln

250 g Weizen
20 g Hefe
3 EL lauwarme Milch
1 Ei
1 TL Meersalz
150 g Butter
1 Eigelb
1 EL süße Sahne
Paprikapulver

Den Weizen fein mahlen und in eine Schüssel geben. Eine Mulde hineindrücken. Die Hefe hineinbröseln und mit der lauwarmen Milch und etwas Mehl zu einem Vorteig verrühren. Zugedeckt an einem warmen Ort 15 Minuten gehen lassen.

Das Ei und das Salz dazugeben und unterrühren. Die Butter schmelzen, löffelweise zu dem Teig geben und unterkneten. Den Teig kräftig kneten.

Aus dem Teig kleine Kugeln rollen und auf ein mit Backpapier ausgelegtes Backblech setzen. Das Eigelb mit der süßen Sahne verquirlen und die Kügelchen damit bestreichen. Mit Paprikapulver kräftig bestäuben.

Im vorgeheizten Backofen bei 180 °C etwa 20 Minuten backen. Auf einem Rost abkühlen lassen.

In einer fest verschließbaren Dose sind die Paprikakugeln ein bis zwei Wochen haltbar.

Käserauten

6 Eier
75 g süße Sahne
1 TL Meersalz
1 Prise Muskat
150 g Weizen
150 g Bergkäse

Die Eier trennen. Die Eigelbe mit der Sahne und den Gewürzen gut verrühren. Den Weizen fein mahlen, den Bergkäse
fein reiben. Beides unter die Eiermasse rühren. Das Eiweiß
zu steifem Schnee schlagen und vorsichtig unterheben.
Backblech mit Pergamentpapier auslegen und die Biskuit-
masse daraufstreichen. Auf die mittlere Einschubleiste in den
kalten Backofen schieben und bei 200 °C 30 Minuten backen.
Den Biskuitteig kurz abkühlen lassen, stürzen und das Pergamentpapier abziehen. Den Biskuit in Rauten schneiden
und abgekühlt zum Knabbern servieren.

Käserauten sind auch eine leckere Vorspeise. Sollten einmal
welche übrig bleiben, lassen sie sich gut als Suppeneinlage
verwerten.

Knusprige Käseplätzchen

150 g Weizen
150 g mittelalter Gouda
100 g Butter
½ TL Chilipulver

Den Weizen fein mahlen. Den Käse möglichst fein reiben. Mehl, Käse und Butter zu einem Knetteig bereiten und mit Chilipulver würzen. Den Teig zu einer Rolle formen und eine halbe Stunde im Kühlschrank ruhen lassen.
Den Backofen auf 150 °C vorheizen. Die Teigrolle in möglichst dünne Scheiben schneiden. Die Plätzchen auf ein mit Backpapier ausgelegtes Backblech legen und in etwa 20 Minuten goldbraun backen.

Für eine Party das Rezept vervielfachen und scharf abschmecken. Mit einem Dip wie Guacamole reichen. So hat man eine tolle Knabberei oder eine schicke Vorspeise!
Für eine Guacamole zwei reife Avocados aus den Schalen lösen und das Fruchtfleisch mit einer Gabel zermusen. Gleich etwas Zitronensaft dazugeben, damit die Masse nicht braun wird. Zwei Tomaten fein würfeln, eine Zwiebel schälen und fein hacken, eine Knoblauchzehe schälen und pressen. Alle Zutaten miteinander mischen und sehr pikant mit Salz, Pfeffer und Tabasco abschmecken.

Salzstangen

200 g Weizen
½ TL Kümmel
½ TL schwarzer Pfeffer
125 ml Wasser
20 g Hefe
1 TL Meersalz
Kümmel und grobes Salz zum Bestreuen

Den Weizen mit dem Kümmel und dem schwarzen Pfeffer mischen und fein mahlen. Wasser, Hefe und Salz dazugeben und gut verkneten. Den Teig zugedeckt eine halbe Stunde gehen lassen. Nochmals kurz durchkneten.

Aus dem Teig Stangen formen, so dick wie ein kleiner Finger und etwa doppelt so lang. Kümmel und grobes Salz zum Bestreuen mischen, auf eine saubere Unterlage streuen und die Stangen darin wälzen. Auf einem gefetteten Blech nochmals 10 Minuten gehen lassen.

Den Backofen auf 200 °C vorheizen und die Stangen von beiden Seiten jeweils 10 Minuten backen.

Käsesteckerl

200 g Weizen
½ TL Kümmel
40 g Bergkäse
1 Ei
50 g weiche Butter
½ TL Meersalz
20 g Hefe
2 EL lauwarme Milch
1 Eigelb
1 EL Wasser
Mohn, Kümmel oder Sesam zum Bestreuen

Den Weizen mit dem Kümmel mischen und fein mahlen. Den
Käse fein reiben und untermischen. Das Ei, die weiche Butter und das Salz dazugeben. Die Hefe mit der lauwarmen Milch
anrühren, zum Weizen geben und gut verkneten. Den Teig
zugedeckt eine halbe Stunde gehen lassen. Nochmals kurz
durchkneten.
Aus dem Teig Stangen formen, so dick wie ein kleiner Finger
und etwa doppelt so lang. Die Stangen auf einem gefetteten Blech nochmals 10 Minuten gehen lassen. Das Eigelb mit
dem Wasser verrühren und die Stangen damit bestreichen.
Mit Mohn, Sesam oder Kümmel bestreuen.
Den Backofen auf 200 °C vorheizen und die Käsesteckerl etwa
20 Minuten backen.

Rosinenschnitten

150 g Rosinen
heißes Wasser zum Einweichen
350 g Weizen
2 TL Weinsteinbackpulver
60 g gemahlene süße Mandeln
50 g Kakao- oder Carobpulver
½ Vanilleschote
250 g weiche Butter
4 EL Honig
4 EL Joghurt
100 g Butter für den Belag
5 EL Honig für den Belag
125 g Mandelblättchen für den Belag

Die Rosinen 15 Minuten im heißen Wasser einweichen, gut abtropfen lassen. Den Weizen fein mahlen und mit Backpulver, gemahlenen Mandeln, Kakao- oder Carobpulver und dem Mark der Vanilleschote in eine Schüssel geben und gut miteinander vermischen. Die Rosinen dazugeben.
Die weiche Butter mit dem Honig und dem Joghurt verrühren, ebenfalls dazugeben und gut durchrühren.
Den Teig auf ein gefettetes Backblech geben (eventuell den Blechrand mit Papierstreifen erhöhen) und glattstreichen. Für den Belag die Butter erhitzen, Honig und Mandelblättchen darin kurz rösten. Abkühlen lassen und auf den Teig streichen. Im vorgeheizten Backofen bei 180 °C 30 Minuten backen. Nach dem Erkalten in Schnitten schneiden.

Schnitten luftdicht und kühl aufbewahren. Sie lassen sich auch einfrieren. Nach dem Auftauen kurz aufbacken.

Zimtkekse

200 g Weizen
2 EL Kakao- oder Carobpulver
1 TL Weinsteinbackpulver
3 EL Honig
2 TL gemahlener Zimt
50 g weiche Butter

Den Weizen fein mahlen. Mehl, Kakao- oder Carobpulver und Backpulver mischen. Die restlichen Zutaten gut unterrühren.
Den Teig eine halbe Stunde im Kühlschrank ruhen lassen. Auf einer bemehlten Fläche einen halben Zentimeter dick ausrollen und mit einem Glas oder einem Förmchen Kreise ausstechen.
Die Plätzchen auf einem gefetteten Backblech im vorgeheizten Backofen bei 180 °C 20 Minuten backen. Auskühlen lassen und in einer luftdicht schließenden Dose aufbewahren.

Maiskekse

70 g Mais
70 g Weizen
1 TL Weinsteinbackpulver
2 Zitronen
50 g weiche Butter
1 Ei
1 EL Honig
1 Prise Meersalz

Mais und Weizen fein mahlen, mit dem Backpulver mischen. Die Zitronen mit heißem Wasser abwaschen. Die Schalen ganz dünn abschälen und fein hacken. Zusammen mit dem Zitronensaft und den restlichen Zutaten zum Mehl geben und zu einem glatten Teig verarbeiten.
Den Teig in eine Schüssel geben und zugedeckt im Kühlschrank mindestens eine halbe Stunde ruhen lassen.
Mit der Hand kleine Kekse aus dem Teig formen und auf ein gefettetes Backblech setzen. Im vorgeheizten Backofen bei 180 °C 15 bis 20 Minuten backen. Auf einem Rost abkühlen lassen.

Maiskekse sind weder besonders süß noch salzig und eignen sich deshalb auch als kleine Knabberei zwischendurch. Vor allem kleinere Kinder, die ja noch nicht so salzig essen sollen, mögen sie sehr gerne. Nicht zuletzt wegen ihrer schönen gelben Farbe.

Erdnusskekse

175 g Weizen
125 g weiche Butter
1 EL Honig
3 EL Kakao- oder Carobpulver
1 Eiweiß
1 Prise Meersalz
50 g Erdnüsse

Den Weizen fein mahlen. Butter und Honig schaumig rühren, Mehl und Kakao- oder Carobpulver zugeben und zu einem festen Teig verkneten. Den Teig auf einer bemehlten Unterlage etwa 5 mm dick ausrollen und mit einem Förmchen oder einem Glas runde Plätzchen ausstechen. Die Plätzchen auf ein gefettetes Backblech setzen.

Das Eiweiß mit einer Prise Salz zu steifem Schnee schlagen. Die Erdnüsse fein hacken. Die Plätzchen mit dem Eischnee bestreichen. Die gehackten Erdnüsse daraufstreuen und vorsichtig andrücken.

Im vorgeheizten Backofen bei 180 °C 15 Minuten backen, bis die Plätzchen knusprig und die Erdnüsse goldbraun sind.

Erdnusskekse in einer gut schließenden Gebäckdose aufbewahren. Sie schmecken gut in der kleinen Pause zwischendurch oder zum Nachmittagstee.

Kokoszwieback

500 g Weizen
30 g Hefe
1 EL Honig
1 Prise Meersalz
400 ml Wasser
100 ml Öl
weiche Butter zum Bestreichen
Kokosraspel zum Bestreuen

Den Weizen fein mahlen. Mit Hefe, Honig, Salz, Wasser und Öl zu einem geschmeidigen Hefeteig verkneten. Zugedeckt an einem warmen Ort etwa eine halbe Stunde gehen lassen. Den Teig in eine gefettete Kastenform füllen und nochmals gehen lassen. Mit einem sehr scharfen Messer in der Kastenform in Scheiben schneiden (alle 1 bis 1,5 cm). Im vorgeheizten Backofen bei 200 °C eine Stunde backen. Herausnehmen und etwas abkühlen lassen.
Den Kuchen an den Einschnittstellen in Scheiben schneiden. Die Scheiben auf ein gefettetes Backblech legen und dünn mit weicher Butter bestreichen. Kokosraspel daraufstreuen und leicht andrücken. Im Backofen bei 100 °C nochmals eine Stunde backen. Sollten die Kokosraspel dabei zu dunkel werden, mit Pergamentpapier abdecken.

Kokoszwieback ist eine leckere kleine Zwischenmahlzeit, schmeckt aber auch – mit oder ohne Butter – zum Nachmittagstee.

Eis und Geeistes

Eis schmeckt lecker, vor allem im Sommer. Und wenn dann auch noch die Zutaten stimmen, ist es sogar ein gesunder »Genuss ohne Reue«.

Man unterscheidet zwischen Fruchteis auf der Basis von Früchten oder Fruchtsäften und Milcheis auf der Basis von Milch und Milchprodukten. Letzteres ist in der Regel gehaltvoller, sollte deshalb also wie eine kleine Zwischenmahlzeit behandelt werden.

Voraussetzung zur Eisherstellung ist natürlich Kälte. Es gibt dabei – wie auch sonst im Leben – verschiedene Wege zum Glück:

• Man kann die Masse entweder einfach in den Gefrierschrank oder in das **Gefrierfach** des Kühlschranks stellen. Das ist der einfachste Weg.

• Die **klassische Methode** der Physikfreaks: Man braucht Eiswürfel (aus Wasser!), die man grob zerstößt. Das geht beispielsweise, wenn man sie in ein Küchenhandtuch packt und mit einem Nudelholz oder einem Hammer draufklopft. Das zerstoßene Eis wird nun etwa im Verhältnis 10:2 mit Salz zur so genannten Kältemasse gemischt, d. h. 1 l gefrorenes Wasser mit 200 g Salz. Das Salz bringt das Eis zum Schmelzen, die dabei nötige Energie holt sich das Eis in Form von Wärme aus der Umgebung. Dieses physikalische Phänomen kann man zur Eisbereitung nutzen, indem man einfach in eine größere Schüssel mit der Kältemasse eine etwas kleinere Schüssel aus Edelstahl (wegen der guten Wärmeleitfähigkeit) mit der zubereiteten Eismasse stellt. Der Eismasse wird so viel Wärme entzogen, dass sie gefriert. Da das in diesem Fall auf dem Küchentisch oder -schrank passieren kann, kann man dabei bequem und andauernd rühren. Wer sich für diese Methode der Kühlung begeistert, braucht die Kältemasse übrigens nicht nach einmaligem Gebrauch wegzuschütten. In einem geschlossenen Behälter aus Plastik (Glas würde platzen, da Wasser sich beim Gefrieren ausdehnt) kann die Kältemasse im Gefrierfach wieder »aufbereitet« werden. In etwa drei Tagen ist sie wieder ausreichend durchgefroren.

• Für absolute Eisfans lohnt sich vielleicht sogar die Anschaffung einer **Eismaschine.** Es gibt manuell betriebene Eismaschinen, deren Kühleinsatz in fast jedes Gefrierfach passt. Damit und mit ein bisschen Muskelkraft können Sie in einer Viertelstunde bis zu 500 g leckeres, cremiges Eis herstellen. Natürlich gibt es auch die Deluxe-Eismaschine, bei der mit Strom gekühlt und gerührt wird. Das lohnt sich für alle, die gerne regelmäßig Eis zubereiten wollen.

Für alle diese Methoden gilt: Je mehr gerührt wird, desto cremiger und softer wird das Ergebnis. Das Rühren verhindert, dass das Eis am Schüsselrand zu großen, dem Schleckvergnügen abträglichen Eiskristallen gefriert. Das fertige Eis kann gut verpackt (Packung beschriften erspart lange Sucherei!) im Gefriergerät etwa einen Monat gelagert werden. Vor dem Servieren lässt man es im Kühlschrank etwas weicher und cremiger werden, dann ist es nicht mehr so beinhart gefroren.

Das Eis mit einem Löffel oder einem Eisportionierer (vorher in kaltes Wasser tauchen, dann geht's einfacher) aus der Schüssel herauskratzen und in Dessertschalen oder schönen Bechern anrichten. Wer Lust hat, dekoriert noch mit frischem Obst, Sahne und Ähnlichem. Fruchteis aus frischen Früchten wie Ananas oder Melone kann natürlich auch in der ausgehöhlten, ebenfalls geeisten Frucht serviert werden. Das sieht besonders lecker aus.

Kinder lieben **Eis am Stiel!** Dafür gibt es in Haushaltswarengeschäften extra Förmchen, mit denen die Zubereitung ganz einfach ist. Die Masse in die Förmchen gießen, Deckel samt Stielen aufsetzen und im Gefriergerät erstarren lassen. Hier entfällt das Umrühren natürlich. Ist das Eis fertig, die Förmchen kurz unter kaltes Wasser halten, dann lassen sie sich leicht abziehen. Der Stiel ist im Eis festgefroren.

Wer nur mal eine ganz kleine Portion Eis am Stiel zubereiten möchte, kann auch die Eiswürfelschale dazu benutzen. Einfach die Masse einfüllen und im Gefriergerät halbfest werden lassen. Nun »Stiele« (wie Zahnstocher, kleine Hölzchen, Partyspieße und Ähnliches – je breiter die Stiele, desto stabiler wird das Minieis) in die Würfel drücken und in der Kälte ganz erstarren lassen.

Eine besondere Form des kühlen Genusses ist das Sorbet (oder Scherbet). Halbgefrorenes, halb zum Trinken, halb zum Auslöffeln. Eine meist auf Fruchtsaftbasis (ursprünglich oft mit Wein oder Likör verfeinert) hergestellte Mischung wird im Gefriergerät halbfest gefroren. Zwischendurch, etwa alle halbe Stunde, kurz durchrühren. Eventuell vor dem Servieren mit Schlagsahne verfeinern. Das Sorbet in gut gekühlten hohen Gläsern, am besten mit langen Löffeln und Strohhalmen, servieren.

Grundrezept Milcheis

500 ml Milch
½ Vanilleschote
3 Eier
1 – 2 EL Honig

Die Milch aufkochen, vom Herd nehmen und die aufgeschnittene Vanilleschote in der Milch ziehen lassen. In der Zwischenzeit die Eier trennen. Die Eigelbe mit dem Honig zu einer dicken, schaumigen Masse aufschlagen. Die Eiweiße zu festem Schnee schlagen.
Die Vanilleschote aus der Milch fischen. Die warme Milch vorsichtig unter Rühren in die Eigelb-Honig-Masse gießen. Vorsichtig auf kleiner Flamme so lange erhitzen, bis die Masse etwas dicker wird. Dabei die ganze Zeit rühren! Die Masse darf nicht kochen, sonst flockt das Eigelb zu harten Teilchen aus.
Den Topf vom Herd nehmen und abkühlen lassen. Den Eischnee unterheben und die Masse in das Gefriergerät geben. Bis zum Erstarren öfter umrühren; vor allem an Rand und Boden der Schüssel setzen sich leicht die Eiskristalle ab.

Die Milch kann ganz oder teilweise durch süße Sahne ersetzt werden. Je mehr Sahne, desto cremiger das Eis.

Für die klassische Rezeptur wird von den Eiern nur das Eigelb verwendet. Aber wer hat schon immer eine andere Verwendung für so viel Eiweiß? Sollte die Eiweißverwertung jedoch kein Problem darstellen, umso besser. Dann lässt man den Eischnee im Rezept einfach weg.

Dieses Grundrezept lässt sich nach Belieben in fast jede Geschmacksrichtung abwandeln. Dazu ein paar Beispiele:

- **Mokka-Eis:** Statt der Vanilleschote 2 EL gemahlenen Kaffee in der Milch mitkochen lassen. Die Milch dann durch einen Filter abgießen.
- **Nuss-Eis:** In die Eismasse vor dem Gefrieren etwa 100 g gemahlene und 2 EL fein gehackte Nüsse unterrühren.
- **Schokoladeneis:** Statt der Vanilleschote etwas Kakao- oder Carobpulver in der Milch auflösen. Nicht mehr mit Honig süßen!
- **Fruchtgeschmack:** Sehr klein geschnittene oder im Mixer pürierte Früchte vor dem Gefrieren unterrühren (beispielsweise Bananen).

Betthupferl

Grundrezept Fruchteis

500 g süße Sahne
250 g Obst
2 EL Honig
1 Eigelb

Die Sahne steif schlagen. Das gewaschene und vorbereitete
Obst mit dem Honig und dem Eigelb im Mixer 1 bis 2 Minuten pürieren. Die steif geschlagene Sahne vorsichtig unterheben. Die Masse im Gefriergerät fest werden lassen, dabei
ab und zu umrühren.

Etwas festere Früchte (Äpfel, Pflaumen und Ähnliche) vor
dem Pürieren in ganz wenig Wasser weich dünsten.

Grundrezept Joghurt-Fruchteis

500 g Obst
500 g Joghurt
Honig

Frisches Obst waschen, gegebenenfalls entstielen oder entsteinen, eingemachtes Obst auf einem Sieb abtropfen
lassen. Einige Früchte zurückbehalten.
Im Mixer mit dem Joghurt zu einer glatten Masse verarbeiten. Wenn nötig, mit wenig Honig abschmecken. Die restlichen Früchte zu kleinen Stückchen schneiden und unterrühren.
Die Masse im Gefriergerät halbfest werden lassen und ab und
zu rühren.

Je höher der Fettgehalt des Joghurts ist, desto cremiger
wird auch das fertige Eis. Wer es ganz besonders cremig
mag, nimmt 300 g Joghurt und 200 g süße Sahne.

Joghurt-Fruchteis kann aus allen Obstarten zubereitet werden. Auch eingemachtes Obst wie Pfirsiche oder Kirschen
eignet sich gut dazu. Es lässt sich schnell und unkompliziert
zubereiten. Zu Eis am Stiel gefroren, ist es vor allem bei
Kindern sehr beliebt.

Zitronensorbet

4 Zitronen
Wasser
Honig nach Geschmack
einige Blättchen frische Zitronenmelisse

Von jeder Zitrone etwas Schale dünn in einer Spirale abschälen und zum Dekorieren zurückbehalten. Zitronen auspressen und den Saft mit Wasser zu einem halben Liter Flüssigkeit auffüllen. Mit so viel Honig süßen, dass der Geschmack
noch sehr säuerlich ist.
Im Gefriergerät halbfest werden lassen, dabei ab und zu
durchrühren. Vier hohe Gläser ebenfalls kühl stellen.
Das Sorbet auf die Gläser verteilen, die Gläser mit Zitronen-
schale und Zitronenmelisse am Rand dekorieren.
Mit Strohhalmen und langen Löffeln servieren.

Orangen, Limonen (Limetten) und andere säuerliche Früchte
ergeben ebenfalls köstliche erfrischende Sorbets. Einfach
einen halben Liter Saft mit wenig Honig abschmecken und
im Gefriergerät halbfest werden lassen.

Pfefferminzsorbet

500 ml Pfefferminztee
1 Zitrone
1 EL Honig
einige Blättchen frische Minze oder Zitronenmelisse

Aus frischer oder getrockneter Pfefferminze einen starken Tee kochen. Abkühlen lassen und mit dem Saft der Zitrone und etwas Honig abschmecken.

Im Gefriergerät halbfest werden lassen, dabei öfter gut durchrühren.

In vier hohen, gut gekühlten Gläsern mit Strohhalmen und langen Löffeln servieren.

Fruchteiswürfel

½ Zitrone
250 ml Tee (wie Pfefferminze, Hagebutte oder Früchte)
2 TL Honig
beliebiges Obst

Die Zitrone auspressen. Den Tee mit dem Zitronensaft mischen und mit Honig etwas süßen. In eine Eiswürfelschale gießen. Das Obst waschen und vorbereiten. In jedes Eisschalenfach eine Frucht, ein Fruchtstückchen oder mehrere Früchte oder Fruchtstückchen geben.
Im Gefriergerät halbfest werden lassen.
Zwei oder drei Fruchtwürfel in ein hohes Glas geben und mit Tee oder hellem Obstsaft auffüllen.

Sorbet de Cassis

500 g schwarze Johannisbeeren
Wasser
1 EL Honig

Die Johannisbeeren waschen und samt Stielen in ein sauberes Tuch (beispielsweise eine Mullwindel) geben. Durch kräf-
tiges Drücken und Eindrehen des Tuches den Saft heraus-
pressen. Mit Wasser zu einem halben Liter Flüssigkeit
auffüllen. Mit wenig Honig süßen, der Saft sollte säuerlich
herb schmecken.
Im Gefriergerät halbfest werden lassen, dabei öfter gut
durchrühren. Vier hohe Gläser ebenfalls kühl stellen.
Das Sorbet auf die Gläser verteilen. Mit Strohhalmen und langen Löffeln servieren.

Statt frischer Johannisbeeren kann man natürlich auch bereits
fertigen Saft verwenden!

Ein festlicher Nachtisch für ganz besondere Anlässe ist das
Sorbet Kir Royal: Dafür das Johannisbeersorbet etwas fester
anfrieren lassen und mit einem Glas Sekt mixen.

Erdbeer-Rhabarber-Eis

500 g süße Sahne
1 Stange Rhabarber
wenig Wasser zum Dünsten
200 g Erdbeeren
2 – 3 EL Honig
1 Eigelb
Erdbeeren zum Dekorieren

Die Sahne steif schlagen. Die zähen Fasern von der Rhabarberstange abziehen und den Rhabarber in kleine Stücke schneiden. In ganz wenig Wasser weich dünsten. Abkühlen lassen.
Die Erdbeeren waschen und von den Blättchen und Stielen befreien. Rhabarber, Erdbeeren, Honig und Eigelb im Mixer pürieren. Die geschlagene Sahne unterheben.
Die Masse im Gefriergerät erstarren lassen.
Vor dem Servieren mit frischen Erdbeeren dekorieren.

Apfel-Zimt-Eis

500 g süße Sahne
2 Äpfel
wenig Wasser zum Dünsten
2 TL gemahlener Zimt
1 – 2 EL Honig
1 Eigelb

Die Sahne steif schlagen. Die Äpfel schälen, von den Kern-
gehäusen befreien und mit dem Zimt in ganz wenig Wasser
weich dünsten. Abkühlen lassen. Äpfel, Honig und Eigelb
im Mixer pürieren. Die geschlage Sahne unterheben.
Die Masse im Gefriergerät erstarren lassen.

Pralinen & Co.

Eine Praline als Nachtisch, vielleicht zwei oder drei zum Nachmittagstee – man isst sie in kleinen Mengen und mit Genuss. Schließlich sind sie meist kleine Meisterwerke, und ihre Herstellung hat etwas Zeit und Mühe gekostet.

Die hier vorgestellten Rezepte sind jedoch bewusst einfach gehalten. Denn selbst für Pralinen sollte niemand stundenlang in der Küche stehen. Auch die Zutaten sind einfach gewählt. Marzipan, Kartoffelnougat und Maronencreme sind die »Grundmassen«, die dann zu köstlichen Pralinen und Naschereien weiterverarbeitet werden.

Kleider machen Leute, auch bei den Pralinen. Deshalb sollte man sich bei der Verzierung besondere Mühe geben. Ein Überzug aus Schokolade, mit Pistazien belegt, ist beispielsweise eine beliebte Form – die kleinen Luxusnaschereien sollten schon ein gefälliges »Outfit« haben. Auch die Verpackung darf ruhig etwas aufwendiger sein. Kleine Papierschälchen, gekauft oder selbst gefaltet, in einem hübschen Kasten sind der angemessene Rahmen, in dem die kleinen Meisterwerke erst so richtig gut zur Geltung kommen.

Hoffentlich klappen Sie jetzt nicht entmutigt das Buch zu, weil Sie sich zu solch hehren Küchenleistungen nicht berufen fühlen. Wie gesagt, die Rezepte sind wirklich sehr einfach. Probieren Sie sie ruhig einmal aus! Lassen Sie Ihrer Fantasie freien Lauf! Die Pralinenherstellung kann nämlich eine besonders kreative Sache sein. Nehmen Sie, was Küche und Keller an Verwertbarem bieten, und zaubern Sie daraus mit Lust und Liebe eigene Kreationen. Wie sagte schließlich Wilhelm Busch: »Freilich«, meint der Zuckerbäcker, »warum ist der Mensch so lecker!«

Grundrezept Kartoffelnougat

1 große Kartoffel
2 EL Butter
2 EL Honig
1 EL süße Sahne
2 EL gemahlene süße Mandeln
2 EL Kakao- oder Carobpulver

Die Kartoffel weich kochen, schälen und mit der Gabel zermusen. Die restlichen Zutaten dazugeben und alles zu einer
glatten Paste verarbeiten.
Im Kühlschrank fest werden lassen.

Kartoffelnougat kann mit Vanille, Zimtpulver oder süßen Aro-
men (beispielsweise Orangenöl) noch verändert werden. Es
dient als Grundstoff für Füllungen oder Pralinen.

Grundrezept Marzipan

200 g süße Mandeln
2 – 4 bittere Mandeln
6 EL Honig

Die Mandeln kurz mit kochendem Wasser überbrühen, in ein Sieb geben und mit kaltem Wasser abschrecken. So lassen sich die braunen Häutchen ganz leicht abziehen. Die Mandeln trockenreiben und staubfein mahlen.
Den Honig hinzufügen und alles zu einer glatten Masse verkneten.

Sollen noch sehr kleine Kinder von dem Marzipan essen, lässt man die Bittermandeln weg und gibt stattdessen einige Tropfen Rosenwasser (aus dem gut sortierten Naturkostladen, der Drogerie oder Apotheke) dazu. Bittermandeln enthalten Blausäure und können in größeren Mengen zu Vergiftungen führen.

Marzipan lässt sich gut einige Zeit im Kühlschrank aufbewahren. So haben Sie immer einen Grundvorrat zur Hand und können schnell hübsche Dekorationen oder leckere Füllungen daraus machen.

Marzipan kann mit einigen Tropfen »Farbe« eingefärbt werden. Spinatsaft färbt beispielsweise grün, Rote-Bete-Saft rot, Kurkuma oder fein geriebenes gelbes Trockenobst färben gelb. Diese Farben sind natürlich weniger intensiv als künstliche Lebensmittelfarben.

Grundrezept Sojamarzipan

5 EL gekochte gelbe Sojabohnen
3 EL Honig
½ TL Zitronensaft

Alle Zutaten im Mixer pürieren und für etwa zwei Stunden im Kühlschrank fest werden lassen.

Sojamarzipan kann ebenfalls eingefärbt oder parfümiert werden (beispielsweise mit Rosenwasser, Bittermandelöl oder Sesampaste).

Grundrezept Maronencreme

200 g Maronen
2 – 3 EL Honig
1 EL Butter
1 MSP Vanillemark
eventuell etwas süße Sahne

Die Maronen (Esskastanien) waschen und auf den runden Seiten kreuzweise einschneiden. Auf einem nassen Backblech im Backofen bei 180 °C so lange garen, bis sie leicht aufplatzen. Etwas abkühlen lassen.
Die Maronen schälen, dabei auch die braunen Häutchen entfernen. Maronen im Mixer mit den restlichen Zutaten zu einer glatten Creme verarbeiten.
Sollte die Masse zu fest sein, noch etwas süße Sahne unterrühren.

Maronencreme ist ein vielseitiger Grundstoff für Konfekt. Wenn keine Maronen aus kontrolliert biologischem Anbau erhältlich sind, kann man in manchen Parkanlagen oder botanischen Gärten im Herbst selbst Maronen sammeln.

Gibt man der Maronencreme noch steif geschlagene Sahne oder aber ein bis zwei Eier (die Eier getrennt, die Eiweiße zu festem Schnee geschlagen; bitte nur ganz frische Eier verwenden!) dazu, hat man ein leckeres Dessert, das mit Nüssen oder Früchten variiert werden kann.

Marzipankartoffeln

200 g süße Mandeln
2 – 4 bittere Mandeln
6 EL Honig
20 g Kakao- oder Carobpulver

Die Mandeln, wie im »Grundrezept Marzipan« beschrieben, enthäuten und sehr fein mahlen (siehe Seite 80). Den Honig hinzufügen und alles zu einer glatten Masse verkneten. Walnussgroße Kugeln daraus formen und in Kakao- oder Carobpulver wälzen. Damit die kleinen Kartoffeln möglichst echt aussehen, mit einem Zahnstocher »Augen« hineindrücken.
Auf einem Rost trocknen lassen.

Echte Marzipanfans mögen Marzipankartoffeln nicht nur zur Adventszeit. Die richtige Geschenkverpackung sind übrigens kleine Säcke aus braunem (Pack-)Papier oder noch besser aus Jute!

Marzipan-Igel

200 g süße Mandeln
2 – 4 bittere Mandeln
6 EL Honig
50 g Kakao- oder Carobpulver
100 g Trockenobst
100 g Mandelstifte
Rosinen

Die Mandeln, wie im »Grundrezept Marzipan« beschrieben, enthäuten und sehr fein mahlen (siehe Seite 80). Den Honig hinzufügen und alles zu einer glatten Masse verkneten. Mit dem Kakao- oder Carobpulver braun einfärben. Das Trockenobst sehr fein hacken und verkneten, sodass es gut zusammenklebt, und kleine Kugeln daraus formen.
Die Trockenobstkugeln dick mit der Marzipanmasse umhüllen, vorne eine kleine Igelschnauze herausarbeiten.
Die Mandelstifte als Stacheln einstecken und die Rosinen als Augen.

Wenn die Igel nur ganz klein werden, kann man auf die Trockenobstfüllung verzichten. Mini-Igel eignen sich auch gut als Tortendekoration.

Wer etwas Geschick beim Modellieren hat, kann sich auch an andere Marzipan-Tiere heranwagen. Statt mit Kakao- oder Carobpulver färbt man mit anderen Lebensmitteln ein. Wie wär's mit einem Marzipan-Zoo oder Marzipan-Dinos für den nächsten Kindergeburtstag?

Tipp: Wenn die Tiere oder Figuren Haare haben sollen, können Sie einfach etwas Marzipan durch die Knoblauchpresse drücken und die langen dünnen Würste als Haare verwenden!

Nougat-Aprikosen-Taler

100 g getrocknete Aprikosen
100 g Marzipan
  (siehe Grundrezept Seite 80)
1 – 2 EL Zitronensaft
100 g Pistazien
200 g Kartoffelnougat
  (siehe Grundrezept Seite 79)

Die Aprikosen sehr fein schneiden oder im Mixer pürieren.
Mit dem Marzipan und dem Zitronensaft zu einer geschmeidigen Masse verkneten und eine Rolle daraus formen. Die
Pistazien sehr fein hacken.

Das Kartoffelnougat zu einer Platte ausziehen, die so groß
ist, dass man die Marzipanrolle darin einhüllen kann. Platte
mit der Hälfte der gehackten Pistazien bestreuen und die
Aprikosenrolle damit umhüllen. Gut andrücken, damit die einzelnen Schichten aneinander haften bleiben. Im Kühlschrank
etwas fester werden lassen.

Die gekühlte Rolle in den restlichen Pistazien wälzen und in
Scheiben schneiden.

Probieren Sie dieses Rezept auch mit anderem Trockenobst
aus. Wenn Sie keine Pistazien im Haus haben, können Sie
stattdessen andere gehackte Nüsse oder Kokosraspel nehmen.

Backpflaumen surprise

100 g süße Mandeln
1 – 2 bittere Mandeln
3 EL Honig
20 Backpflaumen
20 ganze süße Mandeln für die Füllung
2 EL gemahlene süße Mandeln

Aus süßen und bitteren Mandeln und Honig nach dem Grundrezept (siehe Seite 80) Marzipan zubereiten.
Die Backpflaumen entsteinen. Die Mandeln für die Füllung kurz in heißes Wasser tauchen und dann kalt abschrecken, die braunen Häutchen entfernen. Die gemahlenen Mandeln dünn ausstreuen und das Marzipan darauf nicht zu dick ausrollen. Mit einem Messer in Rechtecke schneiden und die Mandeln darin einzeln einwickeln.
Jede Backpflaume mit einem dieser Päckchen füllen.
Die gefüllten Pflaumen entweder einzeln in Papierkörbchen setzen oder in einer Schale schön anrichten.

Auch anderes Steinobst, zum Beispiel Aprikosen, kann man so lecker füllen. Getrocknetes Obst ist besonders gut dazu geeignet, denn so ist diese Knabberei ein paar Tage im Kühlschrank haltbar. Frische gefüllte Früchte sollte man bald verzehren.

Schlemmermaronen

100 g Maronen
2 EL Honig
1 TL Butter
1 MSP Vanillemark
50 g Schokolade oder Carobriegel
eventuell etwas warmes Wasser
50 g gehackte Pistazien

Aus Maronen, Honig, Butter und Vanillemark nach dem Grundrezept eine Maronencreme bereiten (siehe Seite 82). Die Creme sollte noch ziemlich fest sein.

Mit feuchten Händen kleine Kugeln daraus formen, oben eine kleine Spitze herausziehen. Die Form soll ungefähr an eine Marone erinnern.

Die Schokolade oder den Carobriegel im Wasserbad schmelzen, eventuell noch etwas warmes Wasser unterrühren. Die kleinen Creme-Maronen auf eine Gabel setzen und in die geschmolzene Masse eintauchen. Die Pistazien auf einen großen flachen Teller streuen und die Maronen daraufsetzen; die Pistazien etwas andrücken.

Walnusspralinen

100 g süße Mandeln
1 – 2 bittere Mandeln
3 EL Honig
40 Walnusshälften
50 g Schokolade oder Carobriegel

Aus Mandeln und Honig nach dem Grundrezept Marzipan zubereiten (siehe Seite 80).
Das Marzipan in zwanzig gleich große Stücke teilen, jedes Stückchen zu einer kleinen Kugel formen. Jede Kugel zwischen zwei Walnusshälften geben und etwas plattdrücken.
Die Schokolade oder den Carobriegel im Wasserbad schmelzen. Die Walnusspralinen jeweils an einem Ende fassen und vorsichtig mit der Spitze in die geschmolzene Masse tauchen, sodass die Praline halb mit Schokolade oder Carob überzogen ist. Auf einem Kuchenrost abtropfen und gut trocknen lassen.

Die Walnusspralinen sehen besonders edel aus. Schön verpackt sind sie ein tolles Geschenk! Oder auf einer feinen Schale anrichten, wenn der Erbonkel zum Tee kommt!

Süße »Blutwurst«

200 g Maronen
2 – 3 EL Honig
1 EL Butter
1 MSP Vanillemark
3 EL getrocknete, klein geschnittene Apfelringe
3 EL Rosinen
30 g Kakao- oder Carobpulver

Aus Maronen, Honig, Butter und Vanillemark nach Grund-
rezept eine Maronencreme bereiten (siehe Seite 82).
Getrocknete Apfelstücke zusammen mit den Rosinen und dem
Kakao- oder Carobpulver unter die Maronencreme kneten. Die
Masse in vier Teile teilen und kleine Würste daraus formen.
Die Würste in Pergamentpapier einwickeln, beide Papier-
enden wie bei einer richtigen Wurst mit Kordel abbinden.
Im Kühlschrank ganz fest werden lassen.

Die süßen Würste in Scheiben aufschneiden und davon naschen. Sie schmecken aber tatsächlich auch als Brotbelag,
den vor allem Kinder sehr gerne mögen. Im Kühlschrank
sind sie etwa zwei Wochen haltbar.

Bonbons & Co.

Bonbons sind die Schrecken (oder Freuden?) aller Zahnärzte, denn nichts klebt besser! Was so eine richtige Karamelle ist, haftet sogar noch nach Stunden in den hintersten Zahnzwischenräumen. Man erkennt das leicht daran, dass nach Bonbongenuss unter schrecklichen Grimassen versucht wird, den Störenfried zu beseitigen. Aber gut schmecken tun sie schon, die kleinen Plombenzieher. Deshalb sollte man sich ruhig ab und zu eins gönnen. Vorausgesetzt, die Zahnbürste ist griffbereit ...

Wer es etwas weniger »zäh« mag, sollte einmal Fruchtwürfel, unsere naturköstliche Variante zu Gummibärchen, probieren. Die fruchtigen Stückchen finden bestimmt nicht nur bei Kindern reißenden Absatz!

Noch ein Tipp zur Herstellung: In den Rezepten ist stets angegeben »mit Pergamentpapier auslegen ...«. Die meist noch recht flüssige Grundmasse fließt nicht von dem Papier herunter, wenn die Ecken hochgekniffen und mit Wäscheklammern oder Büroklammern fixiert werden. Dadurch kann man leicht auch eine kleinere Grundfläche (etwa 20 × 20 cm) zum Ausgießen erzeugen und erhält damit die gewünschte Stärke.

Bonbons werden einzeln in Wachspapier oder selbst geöltes Papier eingewickelt. Fruchtwürfel schichtet man in ein etwas breiteres Glas oder eine schöne Schale.

Toffees

10 EL Honig
50 g Butter
¼ Vanilleschote
1 TL Essig
1 Prise Meersalz
Öl zum Bestreichen

Honig, Butter, das Mark der
Vanilleschote, Essig und
Salz in einen Topf geben
und unter Rühren 10 Mi-
nuten köcheln lassen. Eine
flache Unterlage mit Per-
gamentpapier auslegen, das
Papier mit etwas Öl bestreichen.
Die Bonbonmasse 1 cm dick auftragen und etwas abkühlen
lassen. Wenn die Toffees noch nicht ganz hart sind, mit einem scharfen Messer in gleichmäßige Würfel von 2 × 2 cm
schneiden.

Toffees stammen ursprünglich aus England. Wörtlich über-
setzt heißen sie »Sahnebonbons«, obwohl gar keine Sahne
hineinkommt. Der Name kommt wohl daher, dass sie so
sahnig schmecken.

- Schokoladentoffees kann man wahlweise mit Kakao oder
  Carob herstellen. Nach dem Kochen werden 2 bis 3 EL
  Kakao- oder Carobpulver eingerührt. Bitte nicht mitkochen, die Toffees könnten sonst bitter schmecken!
- Für Mokkatoffees 3 TL Instantgetreidekaffee mit ganz wenig Wasser anrühren und zu der noch heißen Toffeemasse
  geben.

Mandelbonbons

150 g süße Mandeln
10 EL Honig
1 MSP Koriander
1 MSP gemahlener Zimt
Öl zum Bestreichen

Die Mandeln kurz mit kochendem Wasser überbrühen, in ein Sieb geben und mit kaltem Wasser abschrecken. Die braunen Häutchen abziehen und die Mandeln sehr fein mahlen.
Den Honig in einen Topf geben und bei kleiner Hitze unter Rühren flüssig werden lassen. Als Probe einen Teelöffel der Masse in kaltes Wasser fallen lassen. Wenn sich daraus ein weiches Kügelchen bildet, ist die Masse heiß genug. Die gemahlenen Mandeln und die Gewürze dazugeben und glatt rühren.
Die Masse auf eine gefettete Unterlage streichen (eventuell mit einem Papierrand ein Auseinanderlaufen verhindern). Etwa zwölf Stunden ruhen lassen, damit die Masse fest wird. Mit einem scharfen Messer in etwa 2 cm große Würfel schneiden.

Ingwerkaramellen

200 g süße Sahne
10 EL Honig
30 g kandierter Ingwer
2 EL Butter
Öl zum Bestreichen

Die Sahne und den Honig zum Kochen bringen. Den Ingwer fein schneiden und zufügen. Zehn Minuten kochen lassen, dann die Butter dazugeben. Einen Tropfen der Masse in eine Schüssel mit kaltem Wasser fallen lassen. Wird der Tropfen fest, ist die Kochzeit beendet. Wenn nicht, muss noch etwas weitergekocht werden. Dabei gut rühren!
Ein Backblech mit Pergamentpapier auslegen und mit Öl bestreichen. Die Masse aufgießen und zwei bis drei Stunden fest werden lassen. Die Karamellen auf eine geölte Platte stürzen und mit einem geölten Messer in 2 × 2 cm große Bonbons schneiden. Die Bonbons am besten einzeln in Wachspapier einwickeln.

Salbeibonbons

75 g Butter
20 Blättchen frischer oder 3 EL getrockneter Salbei
15 EL Honig
2 TL Essig
1 Prise Meersalz
Öl zum Bestreichen

Die Butter mit dem klein geschnittenen Salbei zum Kochen bringen und 2 bis 3 Minuten köcheln lassen. Durch ein feines Sieb abschütten, den Salbei wegwerfen. Die Salbeibutter mit dem Honig, Essig und einer Prise Salz unter Rühren 10 Minuten köcheln lassen.
Eine flache Unterlage mit Pergamentpapier auslegen, das Papier mit Öl bestreichen. Die Bonbonmasse 1 cm dick auftragen und etwas abkühlen lassen. Wenn die Bonbons noch nicht ganz hart sind, mit einem scharfen Messer in gleichmäßige Würfel von 2 × 2 cm schneiden.

Salbeibonbons wirken gut bei Halsschmerzen. Gerade kleineren Kindern, die noch nicht mit Salbeitee gurgeln und spülen können, kann man damit ein wirksames Hausmittel geben.

Natürlich kann man auch viele andere Kräuter und Gewürze auf diese Art gesundheitsfördernd einsetzen. Ein gutes Beispiel dafür sind Fenchelbonbons, die gut gegen Blähungen wirken: 2 EL Fenchelsamen im Mörser zerstoßen und in der Butter köcheln lassen. Butter, Honig, Essig und Salz unter Rühren 10 Minuten köcheln lassen und Bonbons daraus gießen.

Fruchtwürfel

3 TL Agar-Agar
500 ml Fruchtsaft
½ Zitrone
1 EL Honig
Öl zum Bestreichen

Das Agar-Agar mit etwas Fruchtsaft kalt anrühren. Die Zitrone auspressen. Den restlichen Fruchtsaft mit dem Zitronensaft und dem Honig vorsichtig erhitzen, bis sich der Honig aufgelöst hat. Das angerührte Agar-Agar unterrühren und ebenfalls aufkochen lassen.

Ein Backblech mit Pergamentpapier auslegen, die Ecken des Papiers nach oben kneifen und mit Wäscheklammern fixieren. Die Masse daraufgießen und auskühlen lassen. Die erstarrte Masse mit einem scharfen Messer in gleichmäßige Würfel schneiden.

Die Würfel mit Hilfe eines Backpinsels von allen Seiten hauchdünn mit Öl bestreichen, damit sie nicht so klebrig sind. Auf einem Kuchenrost trocknen lassen.

Probieren Sie die Fruchtwürfel mit verschiedenen Säften aus und stellen Sie eine bunte Mischung zusammen. Rote Kirschsaftwürfel, gelbe Orangensaftwürfel, violette Würfel aus Heidelbeer- oder Holundersaft und andere.

Saure Gummis

3 TL Agar-Agar
250 ml Wasser
250 ml Zitronensaft
1 – 2 TL Honig
Öl zum Bestreichen

Das Agar-Agar mit etwas Wasser kalt anrühren. Das restliche Wasser mit dem Zitronensaft verrühren, erhitzen und so viel Honig zugeben, dass die Mischung nicht mehr zu sauer ist. Eine gewisse Säure sollte sie aber noch haben. Das angerührte Agar-Agar unterrühren und nochmals kurz aufkochen lassen.

Ein Backblech mit Pergamentpapier auslegen, die Ecken des Papiers nach oben kneifen und mit Wäscheklammern fixieren. Die Masse daraufgießen und auskühlen lassen. Die erstarrte Masse mit einem scharfen Messer in gleichmäßige Würfel schneiden.

Die Würfel mit Hilfe eines Backpinsels von allen Seiten hauchdünn mit Öl bestreichen, damit sie nicht so klebrig sind. Auf einem Kuchenrost trocknen lassen.

Bittersüße Orangenecken

2 TL Agar-Agar
300 ml Orangensaft
1 Tasse (100 g) Bitterorangenmarmelade
50 g Schokolade oder Carobriegel

Das Agar-Agar mit etwas Orangensaft kalt anrühren. Den restlichen Saft mit der Marmelade verrühren. Das angerührte Agar-Agar unterrühren und die Flüssigkeit kurz aufkochen lassen.

Ein Backblech mit Pergamentpapier auslegen, die Ecken des Papiers nach oben kneifen und mit Wäscheklammern fixieren. Die Masse daraufgießen und auskühlen lassen.

Die erstarrte Masse mit einem scharfen Messer in Dreiecke schneiden.

Die Schokolade oder den Carobriegel im Wasserbad schmelzen. Die Orangenecken mit den Spitzen in die Glasur tauchen. Auf einem Kuchenrost abtropfen und trocknen lassen.

Pfefferminztaler

3 TL Agar-Agar
375 ml starker Pfefferminztee
125 ml Milch
1 – 2 TL Honig
50 g Schokolade oder Carobriegel

Das Agar-Agar mit etwas kaltem Pfefferminztee anrühren. Den restlichen Tee mit der Milch und dem Honig erhitzen. Das angerührte Agar-Agar unterrühren und alles kurz aufkochen lassen.
Ein Backblech mit Pergamentpapier auslegen, die Ecken des Papiers nach oben kneifen und mit Wäscheklammern fixieren. Die Masse daraufgießen und auskühlen lassen. Aus der erstarrten Masse mit einem Förmchen oder einem kleinen Glas Taler herausstechen.
Die Schokolade oder den Carobriegel im Wasserbad schmelzen und wieder so weit abkühlen lassen, dass die Masse gerade noch flüssig ist. Die Taler einzeln auf einer Gabel in die Schokoladenmasse eintauchen und sofort wieder herausheben. Auf einem Kuchenrost abtropfen und trocknen lassen.

Knabbereien aus Obst und Gemüse

Zur Erntezeit, wenn uns die Gärten und Marktstände mit frischem Obst und Gemüse verwöhnen, werden wir diese natürlich »pur und frisch« essen. Nichts ist köstlicher als eine frische Erdbeere oder frische Kirschen, noch mit Stein zum Weitspuckwettbewerb. Aber wenn des Guten zu viel da ist, die Natur uns im Überfluss beschenkt, sollten wir etwas Obst und Gemüse abzwacken, um daraus gesunde Nascherreien herzustellen. Damit können wir auch noch später die Süße des Sommers genießen.

Einige der hier vorgestellten Rezepte basieren auf dem Prinzip des Konservierens durch Trocknen. Dem Lebensmittel werden 80 bis 90 Prozent der Feuchtigkeit entzogen. Da die zersetzenden Mikroorganismen Wasser für ihre Existenz brauchen, wird ihnen durch das Trocknen die Lebensgrundlage genommen, der Verderb des Lebensmittels wird verhindert. Voraussetzungen dafür sind, dass der Trocknungsprozess schnell genug erfolgt und das Lebensmittel nach der Trocknung nicht mehr mit Feuchtigkeit in Berührung kommt.

Das bedeutet jedoch nicht, die Früchte bei hohen Temperaturen in kürzester Zeit zu dörren. Das wäre wohl eher ein Mumifizieren, denn sowohl der Vitamingehalt als auch Geschmack und Aussehen sind abhängig von der Temperatur. Die sollte deshalb beim Trocknen 45 bis 50 °C nicht überschreiten. Die Mineralstoffe bleiben übrigens beim Trocknen vollständig erhalten.

Wer öfter größere Mengen Trockenobst herstellen will, sollte sich einen Dörrapparat anschaffen. Im Handel werden elektrische Dörrgeräte angeboten. Es gibt aber auch eine sehr gute Bauanleitung für einen solarbetriebenen Trockenapparat, den man mit recht wenig Aufwand und Kosten leicht selbst herstellen kann (Bauanleitung beispielsweise in »Einfache Nutzung der Sonnenwärme« von Christian Kuhtz aus der Reihe »Einfälle und Abfälle«).

Man kann die Schnitten aber auch einmal versuchsweise im Backofen bei 50 °C trocknen, die Tür bleibt einen Spalt weit offen, damit die Feuchtigkeit abziehen kann. Auf Dauer ist diese Methode allerdings nicht zu empfehlen. Zum einen wird unnötig viel Energie verbraucht, zum anderen schwanken die Temperaturen recht stark, wertvolle Inhaltsstoffe der Früchte werden zerstört.

Obstschnitten

2 l frisches Obst
   (wie Erdbeeren, Aprikosen, Pfirsiche,
   Kirschen oder Pflaumen)
5 EL Honig
Pfeilwurzelmehl

Die Früchte waschen und sorgfältig putzen. Alle faulen und angestoßenen Stellen müssen entfernt werden. Je nach Frucht entsteinen oder Kerne entfernen. Das Obst im Mixer mit dem Honig pürieren. Sollte das Püree sehr feucht sein, kann man die Trockenzeit verkürzen, indem man etwas von dem Fruchtsaft entfernt. Dazu gibt man die Masse in ein sauberes Tuch (beispielsweise eine Mullwindel) und drückt leicht den Saft heraus. Den Saft auffangen, er schmeckt köstlich!
Die Fruchtmasse etwa 5 mm dick auf eine glatte Unterlage streichen und trocknen lassen.
Am besten eignet sich dazu ein Trocken- oder Dörrapparat. Zu Beginn des Trocknens würde die noch recht flüssige Masse von den Trockenrosten fließen. Deshalb erst einmal ein Pergamentpapier auf den Trockenrost legen und einen Rand falzen. Die Fruchtmasse darauf so weit trocknen, bis sie eine sehr zähe Konsistenz besitzt. Dann auf einen Trockenrost ohne Papierunterlage wenden und fertig trocknen.
Die Schnitten sollten so fest und biegsam wie dickes Leder sein. Schnitten in Stücke schneiden und hauchdünn mit Pfeilwurzelmehl (ersatzweise fein gemahlenes Maismehl) bestäuben, damit sie nicht mehr klebrig sind. Einzeln in Wachspapier verpackt oder in eine Dose geschichtet, vor Feuchtigkeit geschützt aufbewahren.

Wer Fruchtsaft im Entsafter herstellt, kann die Fruchtreste natürlich auch zu Schnitten weiterverarbeiten. Da das Obst in diesem Fall schon einmal gekocht wurde, sind hier natürlich die hitzeempfindlichen Inhaltsstoffe zerstört. Trotzdem ist es eine gute Art der Resteverwertung. Das Trocken geht hierbei sehr schnell, da der Saft ja schon weitgehend entfernt wurde.

Probieren Sie die Schnitten mit Obst einer einzigen Sorte, aber auch einmal mit Obstmischungen aus. Wer es gerne säuerlich mag, kann ruhig auch Zitrusfrüchte zugeben.

Und wenn Sie die Schnitten dann in Papier verpacken, machen Sie sich die Mühe einer schönen Beschriftung. Auch die Namen können ruhig fantasievoll sein: Erdbeertraum, Tutti-Frutti und ähnlich. Dann kommen die einfachen Schnitten sicher besonders gut an!

Bananenchips

4 Bananen
Honig nach Geschmack

Die Bananen schälen und in nicht zu dicke Scheiben schneiden. Die Scheiben auf einem Trockenrost ausbreiten, sodass sie nicht übereinanderliegen.

Wer's mag, kann die Bananen »pur« trocknen. Süßer, aber auch knuspriger werden die Bananenchips, wenn sie vor dem Trocknen dünn mit Honig eingepinselt werden. Dazu vorsichtig mit einem Backpinsel dünn Honig auf die Bananenscheiben pinseln. Sollte Ihr Honig dazu zu dickflüssig sein, können Sie ihn vorsichtig im Wasserbad erwärmen, bis er die richtige Konsistenz hat.

Die Bananenchips sind fertig getrocknet, wenn sie ganz fest geworden sind und sich krachig beißen lassen.

Sie können natürlich auch andere Obstsorten zu Chips trocknen. Probieren Sie beispielsweise einmal Erdbeeren, in Scheiben geschnitten, oder auch Ananas, in kleine Stückchen zerteilt.

Quittenleder

4 – 5 Quitten
Wasser zum Dünsten
5 EL Honig
Pfeilwurzelmehl

Die Quitten zuerst mit einem trockenen Tuch abreiben, dann waschen und vierteln. Die Kerngehäuse entfernen und die Quitten in möglichst kleine Stücke schneiden. In einen Topf geben und so viel Wasser zugeben, dass die Quittenstückchen gerade bedeckt sind. In 45 bis 60 Minuten weich kochen lassen.

Die Masse abkühlen lassen, in ein Mulltuch geben und den Saft abpressen. Der Saft kann als Grundlage für Quittengelee weiterverwendet werden. Das Fruchtmark mit dem Honig pürieren. Einen Trockenrost mit Pergamentpapier auslegen und einen Rand falzen. Die Fruchtmasse etwa 5 mm dick daraufstreichen und so weit trocknen, bis sie eine sehr zähe Konsistenz besitzt. Dann auf einen Trockenrost ohne Papierunterlage wenden und fertig trocknen.

In Stücke schneiden und hauchdünn mit Pfeilwurzelmehl (ersatzweise fein gemahlenes Maismehl) bestäuben, damit sie nicht mehr klebrig sind. Einzeln in Wachspapier verpackt oder in eine Dose geschichtet, vor Feuchtigkeit geschützt kühl lagern.

Bananen-Kokos-Schnitten

1 Zitrone
5 Bananen
2 EL Honig
150 g Kokosraspel
Pfeilwurzelmehl

Die Zitrone auspressen. Die Bananen schälen und zusammen mit dem Honig und dem Zitronensaft fein pürieren. Die Kokosraspel unterrühren.

Einen Trockenrost mit Pergamentpapier auslegen und einen Rand falzen. Die Bananenmasse 5 bis 10 mm dick daraufstreichen und so weit trocknen, bis sie eine sehr zähe Konsistenz besitzt. Dann auf einen Trockenrost ohne Papierunterlage wenden und fertig trocknen.

In Stücke schneiden und hauchdünn mit Pfeilwurzelmehl (ersatzweise fein gemahlenes Maismehl) bestäuben. Einzeln in Wachspapier verpackt, vor Feuchtigkeit geschützt lagern.

Gemüseknabberei rotgrün

3 Tomaten
2 – 3 kleine Zucchini
schwarzer Pfeffer
Kräutersalz

Die Tomaten sollten reif, aber noch schnittfest sein. Das Gemüse waschen, in 5 mm dicke Scheiben schneiden und auf den Trockenrost legen. Mit schwarzem Pfeffer und Kräutersalz würzen. Trocknen, bis das Gemüse kein Wasser mehr enthält.

Diese Gemüseknabberei kann einfach wie Trockenobst genascht werden. Durch den Farbkontrast sieht es besonders schön aus. Sie können es natürlich auch mit einem Butterbrot oder einem Naturjoghurt als leichte Zwischenmahlzeit oder kleine Abendmahlzeit essen.

Getrocknetes Gemüse ist lange haltbar. Bewahren Sie es in einem Deckelglas oder einer Dose vor Feuchtigkeit geschützt auf. Viele andere Gemüsesorten lassen sich ebenfalls gut trocknen. Probieren Sie einfach aus, was Ihnen am besten schmeckt!

Tomatenrauten

500 g Tomaten
1 – 2 Knoblauchzehen
1 TL Olivenöl
Meersalz
Oregano
200 g grobe Haferflocken

Die Tomaten waschen, kurz in kochendes Wasser geben und mit kaltem Wasser abschrecken. Nun die Häute und die Stielansätze entfernen. Den Knoblauch schälen, fein hacken oder durch die Presse drücken. Tomaten, Knoblauch, Olivenöl und die Gewürze im Mixer pürieren, dann die Haferflocken unterrühren.
Einen Trockenrost mit Pergamentpapier auslegen und einen Rand falzen. Die Tomatenmasse etwa 5 mm dick daraufstreichen und so weit trocknen, bis sie eine sehr zähe Konsistenz besitzt. Dann auf einen Trockenrost ohne Papierunterlage wenden, mit einem Messer in Rauten schneiden und fertig trocknen.

Treibhauseffekt

Bunte Zwiebelringe

500 g Zwiebeln
20 g Vollkornmehl
1 l Öl oder Fett zum Frittieren
Kräutersalz
Meersalz
Paprikapulver
Currypulver

Die Zwiebeln schälen und in 2 bis 3 mm dicke Scheiben schneiden. Die einzelnen Ringe voneinander lösen. Die Zwiebelringe und das Mehl in eine Schüssel geben, mit einem flachen Teller abdecken und die Schüssel kräftig drehen und schwenken. So werden die Zwiebeln gleichmäßig mit Mehl bestäubt. Auf ein Sieb geben und das überflüssige Mehl abstäuben.

Das Öl in einem großen Topf oder einer Fritteuse erhitzen und die Zwiebelringe portionsweise goldgelb ausbacken. Herausnehmen und gut abtropfen lassen, eventuell auf Küchenkrepp etwas entfetten.

Die gebackenen Zwiebelringe in drei Portionen aufteilen. Eine Portion mit Kräutersalz würzen, eine mit Meersalz und Paprika und eine mit Meersalz und Curry. Zwiebelringe schmecken frisch am besten!

Kartoffelchips

8 mittelgroße Kartoffeln
1 l Öl oder Fett zum Frittieren
Meersalz
Paprikapulver, edelsüß

Die Kartoffeln schälen, waschen und mit Hilfe einer Rohkost-reibe oder eines Gurkenhobels in möglichst dünne Scheiben schneiden. Die Kartoffelscheiben trockentupfen.
Das Backfett in einer Fritteuse oder in einem Topf erhitzen und die Kartoffelscheiben mit Hilfe eines Siebes darin portionsweise backen, bis sie eine Art Häutchen bilden. Das Sieb herausnehmen und die Kartoffeln kurz abtropfen las-sen. Das Sieb wieder in das Fett senken und die Chips noch einmal backen, bis sie zu bräunen beginnen. Aus dem Fett nehmen, gut abtropfen lassen (eventuell mit Küchenkrepp etwas entfetten) und mit Meersalz und Paprika würzen.

Frisch gebackene Kartoffelchips sind eine Delikatesse, die man gar nicht mit gekauften Chips aus der Tüte vergleichen kann.
Probieren Sie auch einmal Kartoffelstäbchen aus! Hierzu wer-den die Kartoffeln nicht in Scheiben gehobelt, sondern zu feinen Streifen geschnitten. Und obwohl die Zutaten und die Art der Zubereitung die gleichen sind, schmecken sie ganz anders als Chips.

Das Öl etwas abkühlen lassen und noch warm durch einen Kaffeefilter gießen. So wird es von festen Verunreinigun-gen gereinigt und kann mehrmals verwendet werden.

Popcorn

Popcorn ist eine gesunde und leckere Knabberei, vor allem wenn es frisch zubereitet wird. Man kann es von morgens bis abends reichen, statt Hauptmahlzeit oder als Knabberei zwischendurch. Es kann süß oder pikant gewürzt sein, und es dient als Grundlage für Riegel oder Crunchys.

Der hierzulande angebaute Futtermais ist leider für die Popcornherstellung nicht geeignet. Sie brauchen dazu extra Popcornmais, der die Fähigkeit zum »Puffen« hat.

Wer es einfach mal ausprobieren möchte: Etwas Öl in der Pfanne erhitzen und den Mais hinzufügen. Den Deckel auflegen und bei kleiner Hitze unter ständigem Rütteln so lange garen, bis keine weiteren Puffs und Plops mehr zu hören sind. Vorsicht: Den Deckel nicht zu früh abnehmen, sonst fliegt das Popcorn durch die ganze Küche.

Wenn Sie erst einmal auf den Geschmack gekommen sind und öfter Popcorn machen wollen, lohnt sich die Anschaffung einer Popcornmaschine. Damit geht die Popcornherstellung wirklich ganz problemlos und vor allem schnell. Ein weiterer Vorteil ist, dass hier der Mais ganz ohne Zugabe von Öl gepoppt wird. Vor allem Kinder sind richtig fasziniert davon, wie das Popcorn aus der Maschine gesprungen kommt.

Grundrezept Popcorn

eventuell 2 – 3 EL Öl für die Pfanne
½ Tasse (100 g) Popcornmais

Öl in der Pfanne erhitzen und den Mais hinzufügen. Den Deckel auflegen und bei kleiner Hitze unter ständigem Rütteln garen, bis fast alle Körner gepoppt sind.
Oder den Mais in der Popcornmaschine laut Anleitung poppen.

Süßes Popcorn

eventuell 2 – 3 EL Öl für die Pfanne
½ Tasse (100 g) Popcornmais
2 – 3 EL Butter
1 EL Honig

Den Mais, wie im Grundrezept (siehe vorige Seite) beschrieben, puffen lassen. In der Zwischenzeit die Butter in einem kleinen Töpfchen zerlassen, den Topf vom Herd nehmen und den Honig unterrühren. Mit dem Popcorn vermischen.

Popcorn orange

eventuell 2 – 3 EL Öl für die Pfanne
½ Tasse (100 g) Popcornmais
2 – 3 EL Butter
1 EL Honig
1 TL gemahlener Zimt
2 TL geriebene unbehandelte Orangenschale

Den Mais, wie im Grundrezept (siehe vorige Seite) beschrieben, puffen lassen. Die Butter schmelzen und Honig, Zimt und die fein geriebene Orangenschale unterrühren. Mit dem Popcorn vermischen.

Statt Orangenschale kann man auch einige Tropfen Orangenöl nehmen.

Salziges Popcorn

eventuell 2 – 3 EL Öl für die Pfanne
½ Tasse (100 g) Popcornmais
2 – 3 EL Butter
Meersalz

Den Mais, wie im Grundrezept (siehe Seite 112) beschrieben, puffen lassen. Die Butter schmelzen und mit dem Popcorn vermischen. Meersalz nach Geschmack zugeben.

Grünes Popcorn

eventuell 2 – 3 EL Öl für die Pfanne
½ Tasse (100 g) Popcornmais
2 EL frische Kräuter
2 – 3 EL Butter
Meersalz

Den Mais, wie im Grundrezept (siehe Seite 112) beschrieben, puffen lassen. Die Kräuter sehr fein hacken. Zusammen mit der geschmolzenen Butter mit dem Popcorn vermischen. Meersalz nach Geschmack zugeben.

Wenn nur getrocknete Kräuter zur Verfügung stehen: Nur etwa 1 EL Kräuter nehmen, diese im Mörser noch einmal extra fein zerstoßen und in der heißen Butter kurz ziehen lassen. So entfalten sie ihren Geschmack besser.

Käsepopcorn

eventuell 2 – 3 EL Öl für die Pfanne
½ Tasse (100 g) Popcornmais
2 – 3 EL Butter
50 g geriebenen Bergkäse

Den Mais, wie im Grundrezept (siehe Seite 112) beschrieben, puffen lassen. Die Butter schmelzen und mit dem Popcorn vermischen.
Das Popcorn auf einem Backblech so ausbreiten, dass es möglichst nah zusammen-, nicht aber aufeinanderliegt. Mit dem geriebenen Bergkäse bestreuen und so lange im Backofen bei 180 °C überbacken, bis der Käse geschmolzen ist und zu bräunen beginnt.

Schokopopcorn

eventuell 2 – 3 EL Öl für die Pfanne
½ Tasse (100 g) Popcornmais
50 g Schokolade oder Carobriegel

Den Mais, wie im Grundrezept (siehe Seite 112) beschrieben, puffen lassen.
Die Schokolade beziehungsweise den Carobriegel im Wasserbad schmelzen. Das Popcorn auf einem Papier ausbreiten und die geschmolzene Schokolade in einem sehr feinen Strahl auf das Popcorn gießen, sodass feine Linien auf das Popcorn gezeichnet werden.

Popcornberge

eventuell 2 – 3 EL Öl für die Pfanne
¼ Tasse (50 g) Popcornmais
50 g Backpflaumen
100 g Mandelstifte
100 g Schokolade oder Carobriegel

Den Mais, wie im Grundrezept (siehe Seite 112) beschrieben, puffen lassen.
Die Backpflaumen entkernen und in kleine Stückchen schneiden. Die Schokolade beziehungsweise den Carobriegel im Wasserbad schmelzen und Popcorn, Backpflaumen und Mandelstifte dazugeben.
Mit zwei Esslöffeln kleine Häufchen von der Masse auf ein geöltes Pergamentpapier setzen und erstarren lassen.

Eingelegte Köstlichkeiten

Die pikanten und süßsauren Knabbereien sind wohl eher eine Domäne der erwachsenen Naschkatzen. Bei einer geselligen Runde Doppelkopf oder einem verlängerten Brunch werden gerade die eingelegten Köstlichkeiten gerne gegessen. Zusammen mit herzhaftem Knabbergebäck oder Brot sind die meisten der hier vorgestellten Rezepte fast schon eine Zwischenmahlzeit oder eine kleine Abendmahlzeit. Sehr praktisch, wenn mal überraschender Besuch kommt ...

Vielleicht werden Sie bei den Rezepten ans Einmachen erinnert. Zur Haltbarmachung dienen auch hier Konservierungsmittel wie Essig, Salz oder Honig. Zusätzlich werden die meisten Zutaten erhitzt, wodurch möglichst viele zersetzende Keime abgetötet werden. Und wenn dann auch die Gerätschaften sehr sauber vorbereitet wurden, haben Mikroorganismen keine Chance.

Twist-Off-Gläser, das sind die Gläser, die beim ersten Öffnen »Klack« machen, eignen sich wunderbar zum Einlegen von Obst und Gemüse. Meist haben sich sowieso ein paar davon angesammelt, sonst fragt man vielleicht bei Freunden oder bei Nachbarn, ob sie noch welche haben. Schließlich weiß man ja mittlerweile auch, dass Wiederverwerten besser ist als Recyceln ... Twist-Off-Gläser gibt es in den unterschiedlichsten Größen, sodass man sich für den jeweiligen Zweck die geeignete Größe aussuchen kann. Lieber etwas kleinere Gläser wählen, damit nicht später immer ein Rest des Inhalts vergammelt.

Natürlich kann man auch die normalen Einmachgläser oder auch jedes andere Glas geeigneter Größe nehmen. Sollte zu dem Glas kein Deckel (mehr) vorhanden sein, können Sie es auch mit Zellophan (Einmachhaut) verschließen.

Die Gläser und Deckel werden vor dem Einfüllen sehr sauber gespült. Wer's ganz besonders gründlich machen will, kann die Deckel noch einmal in Wasser auskochen. Damit die Gläser beim Einfüllen kochend heißer Flüssigkeit nicht zerplatzen, stellt man sie auf ein feuchtes Tuch, sodass die Wärme besser abgeleitet werden kann. Die Gläser bis etwa 2 cm unter den Rand füllen, dann die Deckel aufsetzen. Kleine Etiketten mit Inhalt und Abfülldatum sehen nicht nur schön aus, sondern erleichtern auch die Vorratshaltung.

Übrigens ist so ein Glas mit eingelegten Köstlichkeiten ein tolles Mitbringsel!

Wer sich – etwa beim Kartenspielen – nicht ständig die Hände schmutzig machen möchte, kann Zahnstocher oder kleine Spießchen aus Holz (Asien- und Dritte-Welt-Läden) benutzen. Damit ausgestattet, passen die Knabbereien auch gut zu einem kalten Buffet.

Grüne Tomaten

750 g kleine grüne Tomaten
2 l Wasser
2 EL Meersalz
1 kleines Stück frische Ingwerwurzel
250 ml Zitronensaft
250 ml Wasser
500 g Honig
1 EL schwarzer Pfeffer, grob zerstoßen
3 Zimtstangen
5 Nelken

Die Tomaten waschen, die Stielansätze entfernen und die Tomaten mit einer Nadel mehrmals einstechen. Das Wasser aufkochen, Salz und Tomaten dazugeben und bei schwacher Hitze 2 Minuten leicht köcheln lassen. Die Tomaten in ein Sieb abgießen und gut abtropfen lassen. Drei kleinere Twist-Off-Gläser sehr sauber ausspülen und die Tomaten hineinschichten.

Den Ingwer schälen und fein schneiden. Zusammen mit Zitronensaft, Wasser, Honig und den Gewürzen aufkochen lassen und noch heiß über die Tomaten geben, sodass diese ganz bedeckt sind. Die Gläser sofort fest verschließen.

Die süßsauer eingelegten Tomaten etwa zwei bis drei Wochen durchziehen lassen. Ungeöffnet sind die Gläser mehrere Monate haltbar. Angebrochen, sollten sie im Kühlschrank aufbewahrt und innerhalb von zwei Wochen gegessen werden.

Die Tomaten sollten noch ganz grün und unreif sein. Achten Sie jedoch darauf, dass die Früchte mindestens die Größe einer Walnuss haben, damit sie nicht mehr bitter schmecken. Oder nehmen Sie die kleinen Kirschtomaten vor der Reife.

Die süßsauer eingelegten Tomaten zum »Knabbern« gut abtropfen lassen und schön auf einem Teller anrichten. Ein herzhaftes Gebäck (wie Salzstangen, siehe Rezept Seite 58) oder herzhaftes Roggenbrot dazu reichen. Die Tomaten können auch auf Zahnstocher gespießt werden, dann bleiben sogar die Finger sauber.

Hot Pot

je 200 g frische grüne und rote Pfefferschoten (Chilischoten)
100 g sehr kleine Zwiebeln
250 ml Zitronensaft
500 ml Wasser
5 EL Honig
2 EL Meersalz

Die Pfefferschoten mit einem Tuch trocken abreiben, die Stiele entfernen und die Schoten mit einer Nadel mehrmals einstechen. Die Zwiebeln schälen und mit den restlichen Zutaten aufkochen lassen. Die Pfefferschoten dazugeben und noch 2 Minuten weiterköcheln lassen.
Drei bis vier kleinere Twist-Off-Gläser sehr sauber ausspülen. Die Pfefferschoten und die kleinen Zwiebeln hineinschichten, den heißen Sud darüberlöffeln. Das Gemüse muss ganz davon bedeckt sein. Die Gläser sofort fest verschließen.
Die Pfefferschoten zwei bis drei Wochen durchziehen lassen. Ungeöffnet sind die Gläser mehrere Monate haltbar. Angebrochen, sollten sie im Kühlschrank aufbewahrt und innerhalb von zwei Wochen gegessen werden.

Achtung, Hot Pot ist nur etwas für Leute, die gerne scharf gewürzt essen! Wenn Ihnen der Sinn mehr nach milderen Genüssen steht, dann fragen Sie bei Ihrem Gemüsehändler nach milden Peperoni.

Eingelegter Mozzarella

10 – 15 kleine Mozzarellakäse
1 Bund frisches Basilikum
3 – 6 Knoblauchzehen
Öl

Mozzarella aus der Lake nehmen und gut abtropfen lassen. Das Basilikum waschen, trocknen und die Blättchen einzeln abzupfen. Die Knoblauchzehen schälen und in feine Scheiben schneiden.
Käse, Kräuter und Knoblauch in ein dekoratives Glas schichten und mit Öl übergießen. Die Käse sollen vollständig mit dem Öl bedeckt sein. Im Kühlschrank mindestens eine Woche durchziehen lassen.
Die kleinen Käse aus der Marinade herausnehmen und mit Knabbergemüse wie Kirschtomaten, Bleichselleriestückchen und anderer Rohkost nach Geschmack auf einer Platte anrichten.

Wenn Sie keine kleinen Mozzarellakäse bekommen können, nehmen Sie einfach große Käse am Stück, die Sie vor dem Einlegen in nicht zu kleine Würfel schneiden.
Das Öl kann erneut zum Einlegen von Käse verwendet werden, man kann aber auch Salate mit ihm anmachen. Es nimmt einen herzhaften Knoblauch-Kräuter-Geschmack an. Wer es italienisch mag, nimmt Olivenöl.

Soleier

1 l Wasser
Schalen von 2 – 3 Zwiebeln
50 g Meersalz
15 Eier

Das Wasser mit den Zwiebelschalen und dem Salz 5 Minuten kochen lassen. Die Eier in einem anderen Topf in 10 Minuten ganz hart kochen, abschrecken und schälen.
Die Eier in ein großes Glas schichten und die Salzlösung durch ein Sieb daraufgießen, sodass die Zwiebelschalen zurückgehalten werden. Die Flüssigkeit muss die Eier vollständig bedecken.
Die Soleier mindestens einen Tag ziehen lassen. In der Lake können sie bis zu zehn Tage aufbewahrt werden.

Ganz klassisch schneidet man das Ei in zwei Hälften, nimmt das Eigelb heraus, würzt mit Essig, Öl, Salz, Pfeffer und Senf und gibt das Eigelb wieder drauf. Die Soleier schmecken aber auch »einfach so« oder mit etwas Senf sehr lecker. Versuchen Sie, möglichst kleine Eier, beispielsweise die Eier von Zwerghühnern zu bekommen. Damit werden die Soleier nicht gleich so magenfüllend.

Maiskölbchen

etwa 500 g kleine Maiskolben
30 g Meersalz
6 kleine Zweige Estragon
500 ml Essig
2 TL Pfefferkörner
2 TL Senfkörner
1 Stück Meerrettichwurzel (etwa 6 cm lang)

Die Maiskolben aus den Hüllen schälen und die feinen Haare sorgfältig entfernen. Die Stielansätze direkt an den Körnern abschneiden. Die Maiskolben in einer Schüssel mit dem Salz vermischen und zugedeckt zwölf Stunden bis einen Tag im Kühlschrank ziehen lassen. Herausnehmen und mit einem sauberen Handtuch gut abreiben. Die Maiskolben aufrecht in kleine Twist-Off-Gläser stellen, kleine Estragonzweige dazugeben.
Den Essig mit Pfefferkörnern, Senfkörnern und der geschälten und in Scheiben geschnittenen Meerrettichwurzel aufkochen und heiß über den Mais gießen. Die Gläser sofort fest verschließen.

🧁

Sollten für das letzte Glas zu wenige Maiskolben übrig bleiben, können Sie einfach mit kleinen Karotten, Paprikastückchen oder einem anderen Gemüse auffüllen. Dann erhalten Sie Mixed Pickles, die sich auch sehr gut zum Knabbern eignen!

Die Maiskölbchen sollten noch ganz zart sein. Wenn die Kolben zu groß sind, schmecken die Körner hart und mehlig. Mais lässt sich übrigens ganz einfach im Garten oder im Blumenbeet des Vorgartens ziehen.

Grüne Stachelbeeren

2 kg grüne (noch nicht reife) Stachelbeeren
300 g Honig

Die Stachelbeeren waschen und putzen, dabei die Stiel- und Blütenansätze abzupfen. In einer Schüssel mit dem Honig gut vermischen und in Gläser füllen, die Gläser verschließen. Die Fettpfanne des Backofens mit Wasser füllen und die Gläser hineinstellen. Im Backofen bei 75 °C 20 Minuten einkochen.

Die Stachelbeeren sind gut abgetropft eine fruchtige Knabberei, die man auch noch gut mit Haselnüssen oder Mandeln mischen kann. Man kann sie aber auch sehr gut als Belag für Obsttörtchen oder zu einem Pudding verwenden.

Käsepäckchen

250 g Schafskäse
100 g Weinblätter in Salzlake
Zahnstocher
3 – 6 Knoblauchzehen
2 Pfefferschoten (Chilischoten)
Olivenöl

Den Käse in
mundgerechte
Würfel schnei-
den und je-
den Würfel
in ein Wein-
blatt einwi-

ckeln. Mit einem Zahnstocher fixieren. Die Knoblauchzehen
schälen und längs vierteln. Die Pfefferschoten trocken abreiben und in Ringe schneiden.
Die Käsepäckchen vorsichtig in ein schönes Glas schichten.
Dabei immer mal ein Stück Knoblauch oder Pfefferschote
dazwischenlegen. Mit Olivenöl übergießen und zugedeckt im
Kühlschrank mindestens vier Tage ziehen lassen.
Die Käsepäckchen aus dem Öl herausnehmen und gut abtropfen lassen. Solo oder mit Oliven und eingelegten Peperoni
auf einer Platte anrichten.

Das Öl kann entweder erneut zum Einlegen von Käse verwendet werden, man kann aber auch Salate mit ihm anmachen. Die übrig gebliebenen Weinblätter mit gekochtem Reis
gefüllt als Vorspeise servieren.

Essigzwiebeln

750 g Schalotten oder kleine Zwiebeln
40 g Meersalz
500 ml Essig
2 TL Pfefferkörner
1 Stück Meerrettichwurzel (etwa 3 cm lang)
4 Dillblüten (falls vorhanden)

Die Schalotten schälen, mit dem Salz mischen und über Nacht im Kühlschrank durchziehen lassen. Die Schalotten in ein Sieb geben, kurz überbrausen und mit einem sauberen Handtuch gut abreiben.
Den Essig mit den Pfefferkörnern, der geschälten und in Scheiben geschnittenen Meerrettichwurzel und den Dillblüten zum Kochen bringen. Die Schalotten hineingeben und mitkochen lassen, bis sie glasig werden. Die Schalotten in ein Sieb geben, dabei aber den Essigsud auffangen. Die Schalotten in kleine Twist-Off-Gläser füllen. Den Essigsud noch einmal zum Kochen bringen und ganz heiß über die Schalotten gießen, sodass sie ganz bedeckt sind. Die Gläser sofort verschließen.

Zum Knabbern die Essigzwiebeln gut abtropfen lassen und in einer kleinen Schale servieren.

Asiatische Knabbereien

Wenn es mal »ganz was anderes« sein darf, probieren Sie mal die süßen und pikanten Knabbereien aus asiatischen Landen aus. Die Rezepte sind einfach gehalten, auch die Zutaten sind nicht allzu schwer zu beschaffen. Wenn doch einmal etwas fehlen sollte, improvisieren Sie einfach: Kichererbsen- oder Reismehl lässt sich auch in einer normalen Getreidemühle mahlen, Kokosmilch lässt sich zur Not auch durch mit Wasser gemixte Kokosraspel ersetzen. Hauptsache, Sie probieren die exotischen Genüsse neugierig und unvoreingenommen.

Indische Kichererbsendreiecke

80 ml Öl
60 g Kichererbsenmehl
6 EL Honig
60 ml Wasser
40 ml Öl
100 g gehackte Nüsse

Das Öl heiß werden lassen und das Kichererbsenmehl darin einrühren und kurz köcheln lassen. Den Honig, Wasser und Öl unterrühren und unter Rühren 10 Minuten kochen.
Die Masse auf eine gefettete Platte gießen. Die gehackten Nüsse daraufstreuen und etwas andrücken.
Vor dem Erstarren in Dreiecke schneiden.

Sung-Sing

250 g Erdnüsse
5 – 6 EL Honig
2 Handvoll Rosenblütenblätter
100 ml Rosenwasser

Die Erdnüsse in der Nussmühle sehr fein mahlen (ersatzweise gemahlene süße Mandeln verwenden). Die Rosenblütenblätter sollten möglichst frisch gepflückt sein. Sie werden gewaschen und mit einem scharfen Messer in ganz feine Streifen geschnitten.
Alle Zutaten in eine Schüssel geben und im heißen Wasserbad 5 Minuten lang kräftig aufschlagen. Etwas abkühlen lassen und kleine Kügelchen daraus formen.
Auf einem Kuchenrost vollständig erkalten lassen.
Einzeln in buntes Papier verpacken.

Sung-Sing ist eine chinesische Spezialität.
Rosenwasser bekommt man in gut sortierten Naturkostläden oder in Apotheken. Die Rosenblütenblätter kann man sich selbst frisch pflücken. Überzeugen Sie sich davon, dass die Rosen nicht mit chemischen Mitteln gespritzt wurden.

Sum-Sum

1 EL Öl
6 EL Honig
250 g Erdnüsse
  (ersatzweise Sojanüsse, siehe Rezept Seite 45)
125 g Sesam

Das Öl in einem größeren Topf erhitzen, den Honig dazugeben und unter ständigem Rühren etwa 5 Minuten karamellisieren lassen. Die Erdnüsse (beziehungsweise die Sojanüsse)
und den Sesam dazugeben und bei starker Hitze 10 Minuten goldbraun rösten.
Die Masse 1 cm dick auf eine mit Wasser befeuchtete Unterlage streichen, mit einem nassen Messer glatt streichen. Eine
Stunde abkühlen und fest werden lassen.
Die erstarrte Masse vorsichtig ablösen, in 4 × 4 cm große
Quadrate schneiden oder einfach in Stücke brechen.
In eine Gebäckdose schichten oder in Wachspapier einwik-
keln.

Sum-Sum ist eine arabische
Köstlichkeit. Sie wird dort in
den Basaren von den Händlern
lautstark angepriesen.

Kimchi

1 kg Chinakohl
2 EL Meersalz
1 kleine Zwiebel
2 Knoblauchzehen
1 kleines Stück frische Ingwerwurzel (etwa 1 cm)
1 EL Chilipulver
150 ml Sojasauce
150 ml Essig
1 EL Honig

Den Chinakohl in grobe Streifen schneiden und in einer Schüssel mit dem Salz vermischen. Vier Stunden stehen lassen, dann mit den Händen noch einmal kräftig durchmischen. Die entstandene Flüssigkeit abgießen.
Die Zwiebel schälen und fein hacken, die Knoblauchzehen schälen und pressen, die Ingwerwurzel in feine Stückchen schneiden. Mit den restlichen Gewürzen verrühren und alle Zutaten zusammen mit dem Chinakohl in einen Steinguttopf schichten. Mit einem Teller beschweren, sodass der Kohl selbst nie mit der Luft in Berührung kommt. An einem kühlen Platz ein bis zwei Tage reifen lassen. Im Kühlschrank ist das fertige Pickle etwa zehn Tage haltbar.

Pickles haben eine verdauungsfördernde Wirkung. Sie werden nicht nur als kleine Knabberei zwischendurch genossen, sondern auch als Beilage zu den Mahlzeiten gereicht. Kimchi ist die koreanische Variante.

Linsenbällchen

150 g Linsen
8 Schalotten
1 rote Pfefferschote
   (Chilischote)
1 Knoblauchzehe
1 TL Koriander
1 TL Kurkuma
1 TL Kumin
1 TL Meersalz
Öl oder Fett zum
   Frittieren

Linsen mit reichlich Wasser bedecken und über Nacht einweichen. Das Wasser abschütten und die Linsen im Mixer fein pürieren.
Die Schalotten schälen, Schalotten und Pfefferschote sehr fein hacken, den Knoblauch schälen und durch die Presse drücken. Koriander, Kurkuma, Kumin und Salz in einem Schälchen mischen. Das Öl in einer Fritteuse oder einem hohen Topf erhitzen. Das Linsenpüree mit den restlichen Zutaten gut verkneten. Aus dem Teig mit geölten Händen kleine Bällchen formen und in dem heißen Öl goldgelb und knusprig ausbacken. Auf Küchenkrepp etwas abtropfen und entfetten lassen.

Linsenbällchen, Beya Kyaw, sind eine birmanische Spezialität. Sie werden dort als Snack oder auch als Vorspeise gegessen. Wer Lust hat, kann noch einen scharfen Dip oder ein Chutney dazu reichen. Die kleinen Bällchen einfach hineintunken und aus der Hand essen.

Gebackenes Obst

75 g Reismehl
125 g Weizenmehl
3 TL Weinsteinbackpulver
250 ml Kokosmilch
100 g Kokosflocken
250 ml Wasser
1 MSP Meersalz
1 Ei
Obst (wie Bananen, Ananas, Pfirsiche)
Öl oder Fett zum Frittieren

Reismehl, Weizenmehl und Backpulver miteinander mischen.
Kokosmilch und Kokosflocken im Mixer pürieren und mit dem
Wasser zu dem Mehl geben. Salz und Ei zufügen und alles zu
einem Teig verrühren. Zugedeckt eine halbe Stunde stehen
lassen.
Das Obst schälen und in mundgerechte Stücke schneiden.
Das Öl in einer Fritteuse oder einem hohen Topf erhitzen.
Die Obststücke in den Teig tauchen und in dem heißen Öl
frittieren. Dabei nicht zu viele Stücke auf einmal ausbacken,
damit das Öl nicht zu sehr auskühlt.
Die gebackenen Obststücke mit einem Schaumlöffel heraus-
holen und auf Küchenkrepp etwas abtropfen und entfetten
lassen. Noch warm genießen!

Gebackenes Obst ist eine indonesische Köstlichkeit. Dort kann
man sie an Straßenständen kaufen und isst sie unterwegs
aus der Hand.

Murukku

500 g Kichererbsenmehl
2 TL Chilipulver
2 TL Kurkuma
1 TL Meersalz
150 ml Wasser
Öl oder Fett zum Frittieren
1 TL Meersalz
1 TL Paprikapulver

Das Mehl mit den Gewürzen mischen und mit dem Wasser zu einem festen Teig verrühren. Auf einer bemehlten Fläche dünne Fladen ausrollen, die Fladen zusammenrollen und mit einem scharfen Messer feine Streifen davon abschneiden.
Das Öl in einer Fritteuse oder einem hohen Topf erhitzen und die Teigstreifen darin portionsweise goldbraun und knusprig ausbacken. Auf Küchenkrepp etwas abtropfen und entfetten lassen. Das Salz mit dem Paprikapulver in einem Schälchen mischen und die Murukkus damit bestreuen.

In einer Gebäckdose luftdicht aufbewahrt, sind die Murukkus, eine Spezialität aus Sri Lanka, mehrere Wochen haltbar.

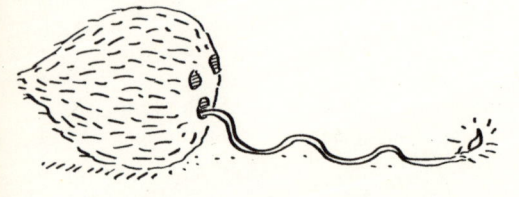

Die Autorin

Jutta Grimm, Jahrgang 1962, Mutter von vier Kindern, studierte in Trier Haushalts- und Ernährungstechnik.
Von ihr sind im pala-verlag außerdem erschienen:
- **Brotaufstriche selbst gemacht**
- **Vegetarisch grillen**
- **Vollwert-Muffins**
- **Shiitake und Austernpilze** (mit Nicola Krämer).

Die Zeichnerin

Renate Alf, Jahrgang 1956, ebenfalls Mutter von vier Kindern, lebt in Freiburg. Seit 1983 ist sie als Cartoonistin tätig und durch ihre Bücher sowie durch regelmäßig erscheinende Cartoons in vielen Zeitungen und Zeitschriften einem breiten Publikum bekannt.

Rezeptindex

Andere Bücher von Jutta Grimm

Jutta Grimm:
Vegetarisch grillen
ISBN: 978-3-89566-242-3

Jutta Grimm:
Brotaufstriche selbst gemacht
ISBN: 978-3-89566-165-5

Jutta Grimm:
Vollwert-Muffins
ISBN: 978-3-89566-152-5

Grimm / Krämer:
Shiitake und Austernpilze
ISBN: 978-3-89566-184-6

Bücher mit Cartoons von Renate Alf

Sofie Meys:
Schneckenalarm!
ISBN: 978-3-89566-227-0

Irmela Erckenbrecht:
Zucchini
ISBN: 978-3-89566-200-3

Petra und Joachim Skibbe:
Köstliche Kürbis-Küche
ISBN: 978-3-89566-150-1

Klaus Weber:
Das Buch vom guten Pfannkuchen
ISBN: 978-3-89566-151-8

Vegetarisch • vollwertig • gesund

Claudia Schmidt:
Alles Tomate!
ISBN: 978-3-89566-173-0

Astrid Poensgen-Heinrich:
Spargelzeit!
ISBN: 978-3-89566-185-3

Irmela Erckenbrecht:
Erbsenalarm!
ISBN: 978-3-89566-201-0

Wolfgang Hertling:
Kochen mit Hirse
ISBN: 978-3-89566-164-8

Vollwertig backen

Herbert Walker:
Vollwertkuchen mit Pfiff
ISBN: 978-3-89566-217-1

Angelika Eckstein:
Vegan backen
ISBN: 978-3-89566-239-3

Claudia Schmidt:
Brot und Brötchen
ISBN: 978-3-89566-221-8

Simone Stefka:
Glutenfrei backen
ISBN: 978-3-89566-226-3

pala-verlag • Postfach 11 11 22 • 64226 Darmstadt • www.pala-verlag.de

ISBN: 3-89566-241-6
überarbeitete Neuauflage 2008
© 2008: pala-verlag, Rheinstr. 35, 64283 Darmstadt
www.pala-verlag.de
Alle Rechte vorbehalten
Umschlagillustration: Renate Alf
Cartoons: Renate Alf
Druck: fgb • freiburger graphische betriebe
www.fgb.de
Printed in Germany

Dieses Buch ist auf Papier aus 100 % Recyclingmaterial
gedruckt.